「戦力外女子」の生きる道
みきーる 著
ワニ・プラス

「戦力外女子」の生きる道

はじめに　戦力外女子って、どんな人？

□30代半ば以上である
□趣味が楽しい
□ライフスタイルが固まっている
□男ウケより、自分ウケ
□気になる人は、年下ばかりになってきた
□誰かと一緒に暮らすのは、たぶん無理
□とか言いながら、ロマンチスト

5つ以上当てはまったら、あなたも〝戦力外女子〟かもしれません。
そんな戦力外な日々に、年下の彼が飛び込んできちゃったら――？

はじめに

まさか!?
いや、人生ってけっこうデタラメだから、「まさか」だってなくはない。
私も、まさか10《とお》も下の彼の前で服を脱ぐとは……思いませんでした。
そんなつもりなかったのに、何かが始まってしまうこともあるのです。

急に、人生に〝年下の彼〟がブチ込まれる。
そんで、一緒に暮らすことになったりする。

そうなったとき、どんなことが起こるのか、誰に何を言われるのか、どうやってハンドルを切ればいいのか、何より幸せになるため、いろんなことをどうまわしていくべきなのか？

〝正解〟じゃないかもしれないけれど、私が生きてつかんだことを、すべてぶっちゃけたいと思います。願わくば、戦力外恋愛の〝たたき台〟とならんことを……！

1 戦力外女子と年下男子

2 年下男子と恋をする

3 戦力外ウェディング

4 そして、幸せは続く

戦力外女子と年下男子

1

気がつけば、戦力外女子！

ずっとモテてきませんでした。

私は若いころから恋愛で前に出るほうではなく、実践よりは妄想で満足するタイプ。
また、妄想から実践に踏み出すにはとてつもなく長い時間を要したので、ちょっと「いいな」と思う人がいても、私がアタックを試みるころにはすでに彼女がいたりしました。

だからといって心のペースは変えられず、逆に妄想を紡ぐ速さは増すばかり。
そのせいか、一般人よりもジャニーズが好きで、まるでふんころがしのように妄想を転がしまくっては、日々悦に入っておったのです。

その間、奇特にもパートナーになってくれた人もいましたが、私が肥え太らせた妄想の玉につぶされ、あえなく離別。申し訳ないことをしたものです。

1
戦力外女子と年下男子

そのとき、私は35歳。相変わらず元気にふんを転がし、「いい年してジャニーズとか追っかけてる女」と指さされても、むしろほめ言葉に思えるほど図太くなっていました。

そう、いつしか私は、立派な〝**戦力外女子**〟になっていたのです。

戦力外女子とは、〝**男の結婚欲をかき立てない、できあがってる大人女性**〟を指します。

年のころは30半ば以上。婚活市場ではめっきりご指名が減り、口の悪い人には「崖っぷちだね」などとからかわれ、合コンに呼ばれても姐《ねえ》さん扱い。ライフスタイルも確立しており、「このまま一生ひとりかも」なんて思っている。さらに残念なことに、たとえ女らしい見た目でも中身は野郎気質。男ウケより、つい〝自分ウケ〟を優先する人たちです。

男性からは、「ハタチのピチピチ女子がスーパールーキーなら、まぁアナタは戦力外ですね……」的に見なされる立ち位置。でも、本人まったく気にしてない、と。

さて、ある日私が絶好調でふんを転がしていると、誰かが背中を押してくれました。

なんだ？　どうした？　と振り向くと、10歳も年下の男子が「うんしょ、うんしょ」と手伝ってくれているじゃないですか。ほぇ～？

後述しますが、この男子こそは後に私と添うことになる**ユース**。運命の年下男子です。

私は彼と結婚し、今年で13年になりました。

戦力外女子とユースの結婚ですから、そりゃもういろいろあったのです。

ですが、新婚ラリラリのノロケ話を書いたところで、あまり参考にはなりません。

干支のひとめぐり（12年）にもう1年のっけて、13年経っても楽しく生きていたら、そのときは年下の彼に恋する人のための本を書こう。そう思ってしたためたのが本書です。

私が結婚してから今日まで、恋愛界もだいぶ様変わりしたように思います。

ＳＮＳの発達もあってか出会いのバリエーションが広がり、年齢差のあるカップルも増えました。私のようにただでさえモテないのに、年下に恋して困っている方も、だいぶ増えたと思うのです。あなたの手を、そっととりたい。

もう一度言いますが、私はモテない戦力外女子の先鋒です。

1

戦力外女子と年下男子

これが神崎恵《かんざきめぐみ》さんとか**女子力魔神**のような方であるなら、年上だろうが年下だろうが、赤子の手をひねるようなものだと思います。でも、こういうレジェンドにのみ許された術《すべ》を、自分もやれると思ってはいかんのです。

女子力魔神がモエのシャンパンなら、戦力外女子は下町のナポレオン。

戦力外女子ならではのズッコケ戦術、ご覧いただけましたら幸いです。

年下男子〝ユース〟の登場

本書では、戦力外女子の相手となる年下男子を〝ユース〟と呼びます。

なぜなら、〝年下男子〟と書くのがめんどいからです。

それはガチなのですが、一般的にユースとは〝青年〟とか〝育成世代〟を指す言葉。意味も合ってるしハマリもいいので、このまま行かせていただきます。


さて、私が35歳のとき、つきあうことになったユースは25歳。

当時私はフリーの編集者で、ユースは出版社のバイト小僧でした。彼が新人バイトとして編集部にやってきたのは、21〜22歳のころ。今度のバイトは10も下だと聞いて、「マジかよ！」と舌打ちしたのを覚えています。もちろん、この時点ではおたがい恋愛感情などなし。

っていうか、その後数年は挨拶と雑談と仕事の話しかなし。

1
戦力外女子と年下男子

それが、誰かの歓迎会だったか懇親会だったか、何かの飲み会でユースと隣席になり、ジャニーズの話を振られたのです。
今にして思えば、仕事でめちゃくちゃ接点があるわけでもないふたり。ましてや年上の私相手に何を話すか、ユースも迷ったのだと思います。

私は会社でも**ジャニ好きの看板**✦を出していたので、「そういやこの人、ジャニヲタだっけ。だったらジャニの話をしよう！」となったのでしょう。「こないだ、テレビでジャニが食べてたハンバーグ、おいしそうでしたね」と話しかけられたのです。日夜ジャニーズ妄想のふんころがしに余念のない私は、これに歓喜。ふんまみれの手をあげて、「それ、渋谷のゴールドラッシュって店だよ！」と即答しました。
さらに、「へえ、行ってみたいな」というユースに、なんの迷いもなく「じゃあ、行こうよ！」とたたみかけたのです。

お気づきかもしれませんが、こんなもん、私にとっては一般人を連れたロケ地めぐりくらいな認識です。「きゃっ！　年下クンを誘っちゃった！」みたいな気はクソほどもありません。

ユースにしても、おいしいものを食べるのはやぶさかでないし、私など意識の圏外だったので、安心して応じてくれました。かくして、私とユース、それに彼の同僚のバイトくんを伴って、3人でハンバーグを食べに行ったのです。

そしてこれが、戦力外恋愛のプロローグとなりました。

✦ジャニ好きの看板

「ジャニ好き」など、とっかかりになるフックがあったのがよかった。

ユースとメシ友になる

そんなこんなでユースとユース友を連れ、私は渋谷のゴールドラッシュに赴きました。

ここはボリュームいっぱいのハンバーグ専門店なので、まぁ男子ウケはよろしい。

私はダブルハンバーグをパクつく彼らを見やり、「ジャニーズが行った店に行きたいとは、いい子だ」などと目を細めておったのです。正確には、「ジャニーズが行った店に行きたい」ではなく「ジャニーズが食べていたハンバーグが食べたい」なのですが、私の脳は勝手に「この子はジャニに理解のあるできる子」との判断をくだしました。

これが行きすぎると「ジャニーズが好きな私のことを好きな子」とか、不穏な解釈をしがちですが、いい頃合いで止めておけたのは幸いです。

で、食事しながら「いつもお昼はどうしてるの？」とか、「あのラーメン屋は行った？」みたいな話になり、自然と「じゃあ、今度はラーメン食べに行こうか」という流れになりました。そうやって彼らとは**ナチュラルなメシ友**✦になり、これまた自然にいろんな話をするようになったのです。彼らの恋愛相談に乗ることもあれば（このときはユースもユース友も彼女がいた）、私がウッキウキでジャニ話をすることもありました。

そんなふうに打ち解けて、ときにはユース宅の最寄りスーパーからジャニグッズの応募ハガキを持ってきてもらったり、録画に協力してもらったりと、ジャニもろ出しで親交していたのです。今思えば、これがよかったのだと思います。

最初っから私はジャニヲタとしてそこにいたので、それ込みで見てもらえたのですね。

これがコソコソしてあとからバレたのでは、話が変わっていたかもしれません。

なので、私のようにジャニヲタでも、ほかのヲタでも、なにか夢中になっている趣味やこだわりがある方は、ぜひ大っぴらにすることをおすすめしたいです。

「そんなたいそうなもんはない」という人も、絶対なんかしらあるはず。

料理、スポーツ、アウトドア、映画、美術、歴史、旅行、音楽、手芸、ファッション、スイーツ、お酒、コーヒー、紅茶、筋トレ、美容、読書、ゲーム、アニメなどなど……。

こうした趣味などは、自分のアイコンやフックになります。

フック、つまりとっかかりがあることは、なにげに親切なことらしい……と知りました。

✦ナチュラルなメシ友

「趣味の話から、流れでメシに↓いつの間にかメシ友」のルートは、無理なく美しいと思います。ちなみにメシ友≠友だちです。

メシ友からメ親友へ

メシ友関係もだいぶこなれて、私とユースはただのメシ友から〝メ親友《シンユウ》〟くらいの仲になりました。

ただし、あくまでメ親友であり〝友だち〟ではありません（これについては後述します）。

そんなある日。例によってユース友も交えて3人で食事中、ユースが「昨日、彼女と別れて……」と切り出しました。お酒も少し入ったせいか、ぽろぽろと泣きだすユース。

聞けば、「えっ！ お前が振ったのかよ!?」というオチだったのですが、それはそれ。

私とユース友は、惜敗に泣く球児を励ますように、優しくその背をさするのでした。

このとき私は、「早くラクになるといいね」くらいのゆるい心境。嫉妬心はナッシング。

これが、もう彼を好きになっていたなら、「聞きたくねー！」と耳をふさいでいたかもしれません。

ただ、すでに好意があったとしても、ここは流さず聞くのが大正解。

なぜならユースは、自分大開放をしてたから。

これって彼情報を爆買いするチャンスです。

メ親友なら情で受け止めてやりたいし、好きならなおさら、聞いておかねばなりません。

それに、友だちではなくメ親友だからこそ、彼はあっさり弱みを見せたのです。

恋愛におけるあるなし、譲れないこと、さらには元カノの人となりまで、話す、話す。

あとになって思ったことですが、このとき仕入れた情報は、ユースとつきあううえでいろいろと参考になりました。だから、こんな場面になったらとりま、どんな話ももらさず耳に入れたほうがいいと思います。

もしかして、普通なら問い詰めても吐かないネタだって、拾えるかもしれないし。

それも、今後のふたりの関係に活かせたら、アリとさせてほしいもの。

この情報公開で私が知ったのは、ユースは年齢差をあまり気にしないこと、束縛が大っ嫌いであること、結婚はしたくないこと、などなど。

これらはまるでジャニーズのインタビューのように、なんなく頭におさまりました。

そしてしばらくのち、おおいに活かされることになるのです。

✦メ親友

メシ友の進化形。仲間以上友だち未満で、食事を共にする理解者のこと。このポジションに立てれば、いろんな展開が望めます。

バカ映画観に行きませんか？

出会っていきなり、ふたりきりのデートから始まる――。

そういうケースは、案外少ないように思います。

仲間をまじえて飲んだとか、仕事帰りに食事したとか、そんな〝ふんわり親交〟を経て、「じゃあ今度どこか行かない？」となるパターンが大半です。

ここで気をつけたいのは、〝ふんわり〟をいきなり〝ガチ〟にしないこと。

それまで立場上は知人・友人枠だったのに、突然〝恋人モード〟に舵を切るのは危険です。

人類だって、猿からネアンデルタール人、クロマニョン人とステップを踏んでヒトになりました。ネアンとクロマをすっ飛ばして進化しようなど、急ぎすぎ。

相手が年下ならば、なおさらです。

一歩踏み出しただけなのに、〝ザ・彼女〟な顔したら、彼は気後れしてしまいます。

ふたりきりで出かけること自体特別なのだから、足すべきはお色気よりもむしろネタ感。

万が一彼としっくりこなくとも、流行り物を見られたとかSNSでウケたとか、なんかしらミヤゲを拾えたら、おたがい救われます。


私の場合、これはユースが誘ってくれたのですが、初デートは自主映画の上映会。誘い文句（メール）も、**「バカ映画観に行きませんか？✦」**のたったひと言だったのです。

ロマン輝く余地さえなし。

ただ、今考えても映画に〝バカ〟を付けてくれて、本当によかったと思うのです。

これが、「今度、映画でもどうですか？」だったら、デート感が強すぎてテンパっていたと思います。いい女に見せようとハイヒールですっ転び、化粧くずれを気にしてキョドっていたかもしれません。

逆の立場でも、彼にヘンな緊張感を抱かせていた可能性、大。

それこそ食事はどうしようとか、いらん気を遣わせていたかもです。

でも、〝バカ映画〟なら無問題《モウマンタイ》。〝進化〟に向けて歩み始めたふたりには、このくらいで上等です。結局、いつもと変わらぬ服で行き、オデンやイカをつまみに（バカ）映画鑑賞。

帰りはスタバで寸評会をやりました。

そうやって、「じゃあ次はちゃんとした映画を観ようか」という話になり、デート風味も徐々に増していったのです。

進化の歩みを守ったからこそ、ヒトになれたのだと思います。

初デート＝恋人誕生と気負うのは間違いです。

まずはネアンデルタール人になるところから、ふたり仲よく進みましょう。

✦バカ映画観に行きませんか？

あら不思議！〝バカ〟が付いただけで、緊迫感が薄れます。こっちが誘う側でも応用できますね。

実年齢は早めにバラす

社会人ともなると、おたがいのガチ年齢を語る機会はそう多くありません。

特に必要がなければ、「だいたい同年代かな」とか「30代半ばかな」とか、ふわっとした認識で関係が進むこともしばしば。私と彼の場合もそうでした。

人の年齢を知りうるのは、「今度、中途の人が入るって！」「えっ、いくつの人？」「25歳の男性」というように、本人のパーソナルデータが話題に上りやすい時期くらい。

あとはSNSにプロフィールを載せてでもいなければ、突っ込んでくる人はそういないのです。私は彼がバイトで入ったとき「10歳も下かよ！」と慄《おのの》いたので、こちらはふたりの年齢差を知っていました。

けれど彼は私の年を訊かなかったし、そもそも自己紹介して交際を始めたわけでもありません。

というか、他の人に聞いて私の年を知っているのかすらも、わかりませんでした。

1
戦力外女子と年下男子

でも、唐突に「私、あなたより10歳上なんだけど」とか切り出すのもなんか引く。「とてもそうは見えないでしょ？　若いでしょ？」と欲しがってるように思われまいか。はたまた「は？　そんなババアなのかよ！」と逃げられてはしまわないか。いろんな思いがぐるぐると頭をめぐります。

年齢を言えない間、私はおっかなびっくり自動改札を通る人のようでした。「まだいけるかな？　ダメかな？」と怯えつつ、そっとＳｕｉｃａを押し当てる。今日こそは警報と共に扉が閉まり、「係員（彼）のいる窓口にお回りください」と言われるのではないか。

そんな矢先、ついにその日がやってきました。つきあい始めてひと月ほどしたころでしょうか。ふたりで食事をしたあと公園を散歩中、おもむろに彼が言ったのです。

「ごめん、本当の年を知らない」

駅員（彼）に見つめられ、ほんの一瞬たじろぎました。

さて、私はなんと答えたか。

1「ハタチで〜す☆」
2「女性に年を訊くなんて失礼ダゾ！」
3「私、35歳なの」

もちろん正解は、誠意みなぎる3番です。

恋の電車を乗り越したなら、潔く超過料金を払わなければなりません。

駅員（彼）の反応はというと、「ふーん」という素っ気なさ。あまりのサッパリ感に不安になり、思わず「大丈夫かな？」と付け加えてしまったほど。ところが彼は、「うん、別に。ただ知らなかったから」と、血液型でも聞いたみたいな軽やかさ。本人いわく、「年齢がいくつだろうと無理な人は無理だし、逆にいいなと思ったのに年齢を訊いてやめるとかはない」とのことでした。

これが、私のダーリン鉄道の運行規約。

ですが、中には「○歳以上は乗車拒否とする」という鉄道もありましょう。

10歳上なのに5歳上とサバを読み、彼に実年齢を知られてフラれた人も知っています。

この彼にしたら、「結婚も視野に入れてこのくらいの年齢差ならいいと思ったのに、ダマされたのが許せない」そう。女性のほうは、「軽い気持ちでウソをついたけど、好きになるほど本当のことを言えなくなった」とのことです。どちらの気持ちもわかります。

いずれにしろ、**年齢問題は早いとこクリアにしちゃったほうが賢明**です。

相手がどうしても〝年齢〟にこだわるならここでリタイアしましょうし、そのほうがこっちも立て直せます。

✦年齢問題は早いとこクリアにしちゃったほうが賢明

吉田羊《よしだよう》さん（年齢非公開）じゃあるまいし、一般人がミステリアスな雰囲気を維持するのは限界があります。暴かれる前に話すが勝ち。

戦力外女子が死んだ夜

ユースとバカ映画を観たり、食べ歩きをしたりするうち、私は彼を好きになりました。

彼も私を憎からず思ってくれたし、悪くないすべり出しだったと思います。

そんな折、自分なりに積んできたものがだるま落としのごとくスコーン！　とぶっ壊される出来事があり、私はぺしゃんこにつぶれました。

ふん混じりで紙のようにペラペラになった私を助け起こし、空気を吹き込んでくれたのはユースです。とても嬉しく、私はさらに彼を好きになりました。

けれど、深まる思いと比例して、〝老い〟が「オイオイ！」と私の肩を叩きます。

「10歳も下のあのコに、あっしを押しつけていいんですかい？」と〝老い〟は縁側に半ケツを引っかけて問うのです。

1

戦力外女子と年下男子

「あのコが30の青年になったとき、お前さんは40！　うわ、きっつー!!」

脳内の茶屋で団子なんかかじりつつ、老いは私を追い込みます。

マジで殺してやりたくなりました。でも、老いの言うことも一理あるのです。

私は大変マジメな性質《タチ》なので、すぐにユースを呼び出して告げました。

「ユースくん、あなたは年齢にはこだわらないと言ってくれたよね。それはすごく嬉しい。でも、今はまだ感じないかもしれないけど、そのうち私はもっと年を取る。思うようにいかないことも出てくるはず。だけど、その年齢なりに努力するから、それでいいかな？」

「もちろん！」

――そう言ってくれると思っていたのに。このくそユース、なんて言ったと思います？

「やだーっ！　ずっとキレイでいて!!」……ですよ!!

「◎×△!?××※◎▼×※!?!?!?」↓致死。

なんだ、やっぱり見た目若くなきゃダメなんじゃん……。

その日は早々にデートを切り上げ、倒れ込むように眠り、夜中、自分の悲鳴で飛び起きました。「どうなさいました⁉」と駆け寄る執事に支えられ、ハチミツ入りのホットミルクをすするも、苦い涙が頬を伝って……（あっ、ここまで夢でした）。

誠実であろうとしたのに、残酷なガキが斬りつける。ただでさえセンシティブな恋はじめ、年齢に引け目をもつ戦力外が骸《むくろ》となるのは、無理からぬことなのです。

でも‼　実はこういう年下男子の言葉、**真に受けなくて全然オッケー**✦なのでした。ニュアンスとしては、子どもが「アンパンマン、ずっと守って！」とか「ばぁば、ずっと元気でいて！」とか、あっけらかんと言うのと同じこと。深刻にキャッチしなくていいのです。

「ずっとキレイでいて」と言われたら、「よしきた、まかせろ！」、こう返すべきでした。

✦真に受けなくて全然オッケー
これ、ホントそうなんです。深刻に受け止めるとシワになるので、なんか言われたら居酒屋の人みたく「よろこんでーっ！」的なレスがおすすめ。

年下の彼との恋はSFである

年下の彼に恋して気づいたのは、「この恋はSFである」ということです。

〝SF〟と言っても割り切った関係のアレでなく、〝Science Fiction〟のほう。言い換えれば、年の差恋愛とは、空想科学恋愛のことなのです。

あなたが35歳、彼が25歳なら、あなたは彼より10年先の未来からやって来た未来人。彼はまだ見ぬ26歳、27歳……という時を識《し》る未来人と、恋したことになります。

だから、あなたが先んじて生きた経験という名の叡智《えいち》を、彼はまだ持ちません。

22世紀から来たドラえもんが、21世紀ののび太と仲よくやれているのは、「自分は未来人（猫型ロボット）だ」という認識をしっかり持っているからです。「この年代ってこういう感じだよな」と、その未熟さを愛おしんだり、自らの過去を振り返ったり。

「若いからなんとかなる！」と思って踏み切ったことが意外とどうにもならんかった

り、ふいに徹夜がキツくなって愕然としたり、経験によって思い知るあれこれは、生きてみなければわかりません。

この視点を持てれば、たとえば彼がブームに乗って「起業する！」とか言い出したとき、無責任に「すごーい！」などとほめそやすこともなくなります。

思いつきで無茶した人があっさりコケた例を出したり、そうならないためにはこんな準備をするといいとか、未来人らしく建設的な見地から何か言えましょう。

何も彼の部屋に押しかけて、押入れで寝ろとは言いません。

ただ、空想科学恋愛には、こうした〝ドラえもんマインド〟を持つことが、何より大事なように思います。

いちばんやっちゃいかんのは、先に生きてきた時間を〝なかったこと〟にして、彼と同年代ぶった〝なんちゃって同級生〟に化けること。昔の制服を着てみても決して学生には戻れないように、今そばにいたとしても、彼と同級生にはなれません。

……まぁ、かくいう私もつきあい始めのころは年齢差が怖くもどかしく、つい年齢に合わない服を買い、らしくない装いでデートに行き、何かと耳ざわりのいい話をしておったのですが……。途中からわれに返りましたけど、あれは本当に痛かった。

1
戦力外女子と年下男子

私は未来人。そう認めることが、年の差恋愛をスムーズに進める秘訣です。

ふたりの間に横たわる、年齢差という名の川を埋めることはできません。

でも、川面を見つめて微笑んだり、船を渡したり、橋を架けてみることはできるのです。

年齢差はおたがいの個性でもありますから、県民性の違いを楽しむように、おもしろがれたら何よりです。

✦この恋はＳＦである

ジェネレーション・ギャップこそは、おたがいの個性。「古ーい！」とか、「何それ!?」とか、からかいあって楽しむ。そこがいいのです！

戦力外女子の特徴

「年の差恋愛は、ＳＦである」と書きました。
年下の彼と恋するあなたは、〝戦力外女子〟という名の未来人です。
この、未来人としての特徴をいくつか見てみましょう。

圧倒的な年齢不詳感

今や10代から60代まで、みんな同じＧＵの服を着ていたりする時代です。人の、それも女の年齢を見破るのは、たやすくない。女の私でさえ、同性のトシを読むのは困難です。自分の年齢を手がかりに、「見た目は同じくらいだけど、落ち着いてらっしゃるから年上かな？」とか、アタリをつけてみるのがやっと。男性が見たら、もっとわけわからんことでしょう。

中でも戦力外女子たちは、圧倒的な年齢不詳感を誇っています。飛び抜けて美しいとかそういうことでなく、30歳と言われたら30歳、50歳と言われたら50歳に見える、妙な説得力。そして、「可愛いのにもう50!?」「まだ30なんだっけ?」というように、若いようにも意外と行ってるようにも見られる、自由度の高さ。彼より年上なのは明らかなれど、それが5歳上なのか、10歳上なのか、はたまた15歳上なのかは謎。この〝読めないおもしろさ〟が、戦力外女子の大きな魅力となっていると思われます。

〝成分〟が前に出ている

戦力外女子とは、〝できあがってる人たち〟です。自分の趣味嗜好やライフスタイルが、もうしっかりと固まっている。なので、その人を指すときは、自ずと「何でできているか」で語られることが多いのです。できあがっていなければ「40歳くらいのキレイな人」などとぼやけた表現になりますが、戦力外女子なら「あの、日本酒にめっちゃ詳しい人」「毎回東京マラソンに出てる人」「御朱印めぐりやってる人」「自分でアクセサリー作ってる人」というように、容姿よりもその人の〝成分〟が前に出る。

たとえば私は、彼に「すごいジャニヲタの人」と認識されていました。〝人間の女・35歳〟というような〝種類〟でなく、その成分を先に見てもらえることは、戦力外女子の大きな強みと言えそうです。

基本、おごられベタ

よくも悪くも、お金で御せる女は可愛いもの。そこんとこ、戦力外女子はかたくなです。先方がその気でも、「この人におごってもらういわれはないわな」という人に誘われたら、「いいよいいよ、自分の分は払うから」とか言ってしまう。相手が上司とか、こっちが財布を開くのはヘン、という場合以外は、ちゃっちゃとワリカンに持ち込む。それが、戦力外の流儀なのです。

相手に〝おごり〟というアドバンテージを与えないのは、一種の自己防衛なのかもしれません。人は異界の食べ物を口にすると、この世に戻れなくなると言います。異界、相手がふるまう物を食べてイニシアチブを執れなくなるのは、すごく居心地が悪い。だからこそ、未来人たる戦力外女子は、無意識のうちにこれを避けているのです。

……と、戦力外女子に顕著な特徴を挙げてみましたが、これに加えて大きいのが〝男ウケより自分ウケ〟を優先する感性です。「こんな趣味、彼に引かれるかな？」「このファッションはダメかな？」みたいな躊躇がなく、好きなものを好きと言い、気ままにやっている。

この大胆さが一般的な男性を遠ざけ、代わりに年下男子を惹きつけるのだと思います。

"男ウケより自分ウケ"とは何か？

男ウケより、自分ウケ。

戦力外女子なら、ごく自然にやってのけていると思いますが、それは文字どおり「男性を喜ばせるより、自分を喜ばせること」です。

たとえば飲み会に行って、「気配りができたほうが、好かれるから」と料理を取り分けるのは、男ウケに寄った行為。

これが戦力外女子だと、「自分が食いっぱぐれないために」取り分けるのです。

この機会に彼の気を惹こうとか、邪心をまぶした計らいは、女子力魔神でないとうまくいかぬもの。

魔神なら、自然な仕草で料理を分けつつ、一個しかないエビを狙った彼の皿にのせ、「ナイショだよ」なんて手渡したりするでしょう。

でもこんなテク、戦力外にできようはずもありません。

じゃ、戦力外女子たちは何をしておるのか？

自分ウケに忠実に、振る舞っているはずです。


たとえば私は、こういうときとっととエビを自分の皿にのせ、その他はバランスよくデカいイカ、厚めの肉など配置して、皆に配っていたものです（ちな、あんかけ焼きそばの場合）。

あからさまに「誰かを贔屓《ひいき》した」っぽくなるより健全に見えるし、何よりエビをせしめた自分が痛快です。これが、〝男ウケより自分ウケ〟の精神というもの。

自分を殺して気の利く女性をやるよりは、いいとこ取って淡々とやるほうがいい。

あと、本当に少食なら別ですが、愛らしく見せたくてチョポチョポしか食べないとかも、逆効果だと思います。

長年の戦力外生活で実感したことですが、**男性は「おいしそうに、よく食べる女性」に親切**です。

だから、気取らずに遠慮なく食べてよし。

本当はおかわりしたいのに、「もう、お腹パンパンで」なんて言っても安っすい芝居は続きません。

私は、ユースとユース友と食べ歩きをしていたころ、「なんでもよく食べるから、頼もしい」と言われたことがあります。

一方、もし女子力魔神なら、「カツ丼なんて食べないよな」と敬遠されたり、誘われてもおっかなびっくりだったと思います。

戦力外女子のよさが出るのは、〝学園のマドンナ〟っぽいポジションでなく、〝学食のおばちゃん〟的な気安さと豪快さ。らしくないなら、しおらしくしても無意味です。

自分らしくあることを大事にして、いろいろ食らう。カッコつけない。

このスタンスは、けっこういいと思うのです。

✦男性は「おいしそうに、よく食べる女性」に親切

これは、本当にそう。ついでに女性ウケもいいので、遠慮せずガンガン食べましょう。

戦力外女子に年下男子が最適なワケ

30代あたりは、ようやっと自分の〝化けの皮〟がはがれる年頃です。

今まで、「私はこういう人だ」と思ってきたのに、「実は全然こういう人じゃなかった」と知る慄《おのの》き。〝女の子〟のロスタイムもついに終わるときが来て、その喪失感にベソをかいたりします。自分の体感年齢と世間のまなざしにズレが生じて、マジで焦ったりもして。

私が20代半ばのころのこと。

姉のように慕っていた先輩が、会社を辞めてカフェを開きました。

開店祝いに駆けつけた際、起業にまつわる苦労話を聞いたのですが、先輩が「銀行も、こんな女の子相手じゃ、なかなかお金を貸してくれなくて」と言ったとき、私は「ん?」と思ってしまったのです。当時、先輩は30半ば。〝女の子〟って……?

1
戦力外女子と年下男子

私の引っかかりに気づいた先輩は、「ホラ、銀行のオジサマたちにしたら、私みたいなのは女の子扱いだから」と拾ってくれましたが、このとき感じた〝違うだろ感〟は、今もはっきり覚えています。

で、この〝違うだろ感〟こそが、いつまでたっても女を窮屈にさせているんですね。可愛い子ぶるつもりはないけれど、心持ちはそうガラリと変わるわけもなく、ましてや〝大人の女〟という、やけに立派そうなものになった実感もない。

もう、女の子じゃないって言われればそれまでだけど、自分から言い切ることもできなくて、騙かし騙かしたゆたうような、あの感じ。スパッとスイッチングできる人もおられましょうが、そうできない人がたぶんほとんど。

なのに、人からは「もうババアなんだから早く落ちてどうぞ」と背中をツンツン突かれる。

「ちょっと待って、私はようやく自分の正体に気づいたところなの！」、「今、始まったところです！」と言うてみても、まわりはナマハゲのように「ババアはいねがぁ～？」と追い詰める。あげく、だいぶ年上の男性から、「おじさん、おばさんどうし仲よくやりましょう」とか言われて泣きたくなったりして……。

男性も、30半ばを過ぎるとがっつきがナリをひそめて、女性とまったりした関係を築きたくなるもの。もちろん、〝生涯現役野獣〟というか、エロガッツみたいな人もいるけれど、そういう人は妻や恋人に向き合わず、遊び相手の女性を追っかけまわしているだけです。

そろそろ落ち着きたい大人男性と、これからハジける大人女性。

リズムが合わずに気まずくなるのは、やむなきことかもしれません。

その点、**これから駆け上ってくる年下男子**は、戦力外女子にとって恰好のパートナー。

心も身体も遠慮なくぶつけられる、頼もしいミットのような存在と言えましょう。

✦これから駆け上がってくる年下男子✦

同年代、あるいは年上男性の〝にごった目〟を見ると沈みますが、そこを救ってくれるのが澄んだ年下男子のまなざしです。ちゃんと見つめましょう。

らぶらぶ下克上！

戦力外女子と年下男子が惹かれ合う理由のひとつに、「欲しいものを、相手がくれる」というのがあります。

何が欲しいって……それは、**らぶらぶ下克上！**✦

知人に、13歳年下の彼と結婚した人がいます。

あるとき彼女が、「ダンナに〝お前って本当にダメなやつだなぁ〟って言われた」と、こぼしました。私が驚いて、「えっ！　ダンナさん、あなたにそんなぞんざいな口をきくの？」と訊くと、「そうなの。いっつも怒られてるの～」とのこと。

別に持ち上げてくれなくていいけれど、年上の妻を〝お前呼ばわり〟はあんまりじゃ？

人ごとなれどムッとして、「ちょっと、お前呼ばわりはひどくない？　ここはビシッと言ってやったら？」と言いますと、あら不思議！彼女、モジモジしながらうつむいて、「お前って呼ばれるの、キライじゃないから……」とか言うじゃないですか。

んんん？

テーブルに〝の〟の字を書く彼女をまじまじ見ながら、私はハタと気がつきました。

「そ、そうか！　ふたりは〝らぶらぶ下克上〟を楽しんでるんだ!!」

らぶらぶ下克上……それは、恋の力で年齢も立場も逆転してしまうこと。

当時、彼女は40手前、彼は20代半ばでしたから、世間的な立ち位置は彼女が〝上〟。

この年になれば〝お前呼ばわり〟されたり、「しょうがねえなぁ」的な目で見られることは、めっきり減ってきます。

むしろ上司や先輩として敬われたり、なんならこっちがダメ出しする側です。

また、彼は彼でハンパなお年頃。〝大人の男〟ってほど貫禄はなかろうし、学生相手ならばいざ知らず、社会人枠ではまだまだ下っ端です。

ちょっぴりいばりたい彼と、女の子扱いされたい彼女。

もうなくしたものと、まだ手にできないものを、おたがいが与えあえるのです。

それが、らぶらぶ下克上。なんてステキな下克上！

女性が年上というと、どうしても彼女が彼をリードする……というイメージがありますが、実際はそう見た目どおりでもないのです。フタを開ければ、彼が彼女を引っ張って、戦力外女子は三歳児みたくなっている……こともあります。

まぁ、私もわりとそうなんですが（テヘ）。

年下男子って、「素直に甘えられると嬉しい！」という人が、とても多い。

それはたぶん、「お金も社会経験も少ない＝頼りがいがない」と見なされて、悔しく思っているからかも。ならば思いっきり甘えさせてもらって、いいと思うのです。

✦らぶらぶ下克上！

意図的に立場を入れ替えるプレイを楽しむことで、いい意味でふたりの関係性がならされます。「いっつも上」、「いっつも下」じゃ、疲れてしまうから。

よき年下男子はどこにいる？

「皮をむくのが面倒だから、リンゴは好きじゃない」という人がいます。

こういう人は、甘い実を思う前に「皮がなぁ」と引っかかってしまう。

同様に、異性とつきあうとき、人柄よりも年齢を気にする人がいます。

「彼女はいい人だけど、もう30だし……」みたいなことですね。

これが女性の場合だと、年齢が〝年収〟に置き換わり、「彼はいい人だけど、年収300しかないんだよね……」といった判断になる。どちらも、「もったいないな」と思います。

戦力外女子と恋に進める男性は、リンゴといったら、まずはおいしい中味にピンとくる人。「リンゴって皮がやっかいじゃん？」なんてツッコミもどこ吹く風。

気づけばちゃっちゃと皮をむき、その実にかぶりついていたりするのです。

そんな、戦力外女子にピッタリな年下男子は、どこにいるのか？

1
戦力外女子と年下男子

もちろん、生息地が決まっているわけではありません。

たとえば同僚や後輩、バイトくん、出入りの業者さん、行きつけの店の店員さん、常連さん、オンラインゲームのお仲間などなど、彼氏候補は、いたるところに潜んでいると思われます。

彼らの人となりもまた、ステレオタイプに語ることはできません。

けれど、私が見てきた例として、以下のような特徴が挙げられます。

戦力外女子にふさわしい彼って、「どちらかといえばおだやかでチャラくない。素直で物怖《ものお》じせず、年長者に可愛がられる。人の話にきちんと耳を傾け、親切で礼儀正しい」。

年下のカッコイイ子はいねぇか!? と目をギラギラさせるより、まずはこんな男性がまわりにいないか、もう一度見渡してみるといいと思います。

今すぐ恋の相手にならずとも、しばらくして、気になる人になるかもしれません。

私の場合も、彼との関係が始まったのは出会ってから3〜4年後のことでした。それまで「感じのいい子だな」とは思っていましたが、そこ止まり。まだ、機が熟していなかったのです。

ところで、こちらだけでなく、戦力外女子を射止めた年下男子にも、話を訊いてみました。

彼らによると、「自分がまだ未熟なうちに、〝できあがってる年上女性〟と出会えたのがよかった」ということです。特に、自分が20代、相手が30代くらいなら、そこまで身構えず話せそうだし、戦力外女子の生きざまを、おもしろく、頼もしく見ることができるそう。

戦力外女子が見るべきは、年下男子の心根のよさ。それに〝伸びしろ〟という将来性。そして、年下男子が惹かれるのは、私たちの個性、すなわち〝おもしろ〟です。

〝伸びしろ〟と**〝おもしろ〟**のマッチング。それこそが戦力外恋愛の正体と言えましょう。

✦〝伸びしろ〟と〝おもしろ〟

〝できあがってる私たち〟と、どう化けるかわからない年下男子の組み合わせは、とてもハマリがいいのです。できあがってることに胸を張っていいと思います。

1
戦力外女子と年下男子

部下ユース、ゲットだぜ！

13歳年下の彼を射止めたKさんは、なかなかやりおる戦力外女子のひとりです。

Kさんのユースは、元部下だった男性。

こう書くと、年増のお色気部長が若い男を……的な絵が浮かびますが、当の本人は屋台の焼きトウモロコシのようにサバサバした快活な女性です。いい意味で、ウエットな女っぽさゼロ。

なら、彼はKさんのどんなところに惹かれたと思うか、彼女に訊いてみました。

いわく、**「あー、私、ガンプラとか捨てないからじゃね？」**とのこと。

ガンプラとは、「機動戦士ガンダム」のプラモデルのことです。

Kユースはプラモ集めが趣味で、コレクションをたんまり持っている。職場でもよくその話をしていたし、Kさんもアニメが嫌いじゃないので、おもしろく聞いていたそうです。

そんなとき、**「夫が大事にしていたフィギュアを勝手に売った妻」**✦の話題がネットを賑わせました。

この妻の言い分は、「いい年して気持ち悪いし、もういらないと思った」というものだったと思います。

これにKさんが「夫が大切にしているものを勝手に売るとか、ありえないね」と吐き捨てると、彼が「Kさんは売らないんですか？」と反応。

「売るわけないじゃん。活力になる趣味やコレクションがあるっていいことだよ」と答えると、丸かった彼の瞳がじわじわハート型に変わっていったそう。

もともと、女性に対して「自分の趣味を否定する存在」という偏見を持っていた彼は、Kさんの内面を知るほど、好きになっていったのです。

「うちは上司と部下の距離が近いし、私も女オンナしてないから、話しやすかったのかも。それまでも残業帰りにご飯したりしてたけど、だんだん回数が増えてった」と、Kさん。

ふたりの関係を決定づけたのは、職場のチームで計画していた旅行が流れて、「じゃあふたりで行こうか」という話になったこと。Kユースは、近々転職が決まっていた彼女と離れがたく、真剣な交際を申し込んだとか。それから1年ほどして、彼らは結婚しました。

Kユースは結婚前よりスパークしてガンプラを楽しみ、彼女はそれを見守っています。

「私も働いてるから、自分のお金で好きなもの買ったらいいじゃんって思えるし、こっちも好きにやってるよ」と、Kさん。その笑顔は、ものすごく、幸せそう。

ボーイッシュでさっぱりした彼女ゆえ、年下男子も性差を意識せず接せられたのだと思います。

そして、近づいてみるとその思いやりが女性らしい魅力となって立ちのぼり、彼を陥落させたのでは。

女っぽすぎな女性には、ちょっと引いてしまう——。

そんな奥手な年下男子も、戦力外女子には狙い目です。

✦「夫が大事にしていたフィギュアを勝手に売った妻」

夫の宝物を軽んじる妻って、けっこういるらしいのです。趣味を尊重してくれる女性は、高評価なようですよ。

オンラインでユースゲットだぜ！

オンラインゲームを通じて年下の彼を見つけた、という人を何人か知っています。そのうちのひとり、Mさんは当初、岩手県在住。5歳下のMユースは新潟県出身で、都内でひとり暮らしをしていました。

「年下の彼っつったって、まわりにはオヤジしかいねーし」という戦力外女子にとって、これは朗報です。「身近にいなけりゃ、ネットの海で探せばいい」ってことですね。私はオンラインゲームの経験はないですが、趣味のサイトを通して友人になった人は何人もいますし、そのうち数人とは親友にもなりました。だから、ゲーム経由の恋愛も全然アリだと思います。

くだんのMさんいわく、「ゲームって人間性が出るし、やってると、合う人、合わない人がはっきりしてきておもしろい」のだそう。

1
戦力外女子と年下男子

「合わない人は、やっぱり常識がなかったり、場の空気を乱したりする。でもこれが合う人だと、ちょっとした雑談も感じがよくって、楽しいんだ」とも。

もともと婚活目的じゃないので、自分を飾るでもなく、がんがんゲームをやり込んでいたMさん。

その男らしさは、ゲーム内でも有名になりました。

「そんなこんなしてたら、東京でオフ会をやろうって話になって。そこではじめて生身の彼に会ったんです。思ったよりイケメンでびっくりしたけど、風貌はともかく人となりは十分わかっていたので、すぐ打ち解けました」とのこと。

Mユースとは、オンラインゲームのほかゲーセン通いやラーメン屋めぐりなど、話すほど好みがバッチリ合うとわかったそう。

「で、東京に出るたびに彼と会うようになり、自然と一緒に暮らそうか？　という話になりました」

当時、彼は26歳。人気ディスカウントストアの店員でしたが、彼女のためにクソがんばって一流企業の正社員にジョブチェンジ。2年後、ゲームのパートナーだったMさんを、リアルパートナーとして妻に迎えました。

「もし、婚活サイトで彼に会っても、好きにならなかったかもしれない。なーんもカッコつけない始まりだったから、よかったのかもね」と、Mさん。

一般的な婚活指南では、「男ウケしない趣味は封印しろ」的なアドバイスがされているようです。

でも私は、敢えて言いたい。**趣味はモロ出しにせよ**✦と！

あなたを救い、笑わせ、楽しませてきた趣味は、愛すべき連れ子のようなものなのです。

おたがいの〝子〟を見て微笑み合える人の中にこそ、良縁はあるはず。

趣味は出会いのドアを開き、戦力外女子を美しく見せるもの。

ゲーム界の暴れん坊だったMさん。結果的に、見事なハンティングだったと思います。

✦**趣味はモロ出しにせよ**

趣味を恥ずかしいものとして隠すようなふるまいは、不健全に映ってしまいます。その楽しさをプレゼンするくらいの姿勢でいきましょう。

年下男子と恋をする 2

フェレット飼うなら、まずママに訊け！

年下男子。それは、戦力外女子の庭に迷いこんだフェレットのようなもの。
わが庭園をキョトキョト歩くそのさまは、そりゃー可愛い。
可愛くて可愛くて、ずっとここにいてほしくなってしまうでしょう。

私だって、そうでした。
だから、逃したくなくて、フェレが欲しがるものばかりあげたり、早々に「うちの庭にはフェレットがいるの！」と言いふらす気持ちも、わからんではないのです。

けれど、今向き合うべきは、うらやま汁を流してくれるギャラリーでなく、「本当に一緒にやっていけるのか？」、厳しく切り込んでくれる友人や親、それに相当する人たちです。

彼らには、あなたがフェレットを抱いてぶら下がっている風船を、ガンガン突いてもらいましょう。

単に興味本位で近づいたんじゃないか、将来をどう考えているのか、年の差に思うことはないのか。彼の本意を冷静に見極められるよう、力を貸してもらわなくてはなりません。

年下男子は、たしかに可愛いフェレットです。

しかしまた、彼らは波打ち際で女を誘う、困ったウミウシでもあるのです。つい手を出すとプシュと煙幕を張るし、わたわたするうち満ち潮に巻かれて、気づけば溺れていたりします。

恋すれば、だれもがバカになる。それはこの世のお約束。

これ＋《プラス》フェレットの魅力とくれば、いかに世慣れた戦力外女子でも、足元をすくわれるのはやむなしです。

手強《てごわ》い相手を敵にしている✦と、しっかり悟ってください。

自慢など、地盤を固めてからいくらでもできるもの。

それより大切なのは、自身の地固めです。

フェレ可愛さに、やってあげたくなったこと。やってみたくなったこと。

本当にやらかしてしまう前に、信用できる人に話しましょう。

「世界一周したいって言うから、出資してあげよっかニャー?」「欲しがってた時計、買ってあげよっかニャー?」「お弁当作ってあげよっかニャー?」「こっそり彼の故郷に行ってみよっかニャー?」などなど、自分ではナイスアイデア! と思っても、ヤバイ案件はいくらもあります。みなさんに話して、しかとブッつぶしてもらいましょう。


反対に、「それはいいね!」というものがあれば、応援もしてくれるはずですし。

「フェレット飼うなら、まずママに訊け!」、この法律は絶対ですよ。

✦手強い相手を敵にしている

男も女も、「若いときは多少ズルくとも許される」という認識を持っています。もちろん、若い彼らはそれを知ってる。翻弄されてはなりません。ふんばって!

戦力外女子の弱点

世の中にはびこるウソの中で、〝賞味期限のごまかし〟はトップランクの悪とされます。賞味期限の改ざんがバレた企業は廃業に追い込まれることもありますし、とりまボッコボコに叩かれます。10歳下の顧客（ユース）をもった私は、いつ賞味期限切れの指摘をされないか、日夜怯えていたものです。

元よりごん太い黒髪で20代から多少白髪はありましたし、顔にはソバカスやら肝斑《かんぱん》やらを飼っています。肌ツヤだって、昔と同じわけにはいきません。ほうれい線も「私はここにいるわよ！」と年々主張してきています。

このロートル陣営をどうにかなだめ、彼にはまだ若くみずみずしい女だと思われたい。今なら、「たかだか35の小娘がカンタンにババアぶってんじゃやねぇ！」と足蹴にしてやりたいところですが、当時の私は切実でした。

コンシーラーでシミを塗りつぶしていくうちに顔が真っ白になり、それでも「アラは隠せた」と満足してデートに行けば、「えっ！　その顔どうしたの⁉」と彼をビビらせる。恥ずかしさに真っ赤になりながら、なお彼に触れてほしくて泣き出す自分のいじましさ。

〝老い〟の縛りなく自分をアピールできる女性を本当にうらやましく思いましたし、「自分にはもうそういう特権はないのだ」と切なくもなりました。

では、どうすればよかったのか。

今、当時を俯瞰《ふかん》して思うことは、**「やればやるほど悪目立ち✦」**。大抵のことはバレている」ということです。本人が「バレてない！」と思っていることほどバレバレだし、まわりはさほど気にしません。そもそも〝肉体の若さ〟にこだわる人なら、最初から年上の女は選ばないのだろうと思います。

なので、メイクも〝老いを隠す〟というよりは普通に〝キレイに見せたい〟という視点でやったほうがいいっぽい。白髪にしても、「私はそんなもんない！」などとトボけず、「白髪？　全然あるよ」とぶっちゃけていく。老いを憎まず、優しく手をつなぐ感じでいくほうが、好印象を与えるようでした。

体型だって、自堕落なたるみはナンですが、加齢によるニュアンスある緩みは逆に色っぽく見えるもの（と、したい）。

昨今は、食肉の世界でもエイジングがもてはやされています。熟成され、濃密な旨味を宿した肉には、フレッシュな若肉とは違った滋味がある。女の身体とて同じことです。

老いの加速に怯む気持ちはわかりますが、「さらにおいしく、熟れていくのだ」と心得て、自信をもつのがいいですよ。……と、自分を励ましてきましたが、たぶんこれでＯＫ！

✦やればやるほど悪目立ち

だいたい、欠点というのは隠すほどに「見てーっ！」と叫び声を上げるのです。光の反射でシワをごまかすというコンシーラーを使ったことがありますが、「今日、ここ（ほうれい線）、キラッキラだね！」とユースに指摘され、無事死亡。以後、使わなくなりました。

過去の恋バナは、3ヵ月以内に吐く

私のユースは、よくも悪くも過去を蒸し返すのを好みません。

「はじめてはいつだった？」とか、「元カノってどんなコ？」とか、その手の話はつきあいはじめのころひととおりしましたが、今ここへ来て済んだことを訊いても、おそらくイヤな顔をされるだけ。

時を経るほどに、過去には触れづらくなるものです。

もはや彼が蒸してよしとするのは、五目おこわか551の豚まんくらいと思われます。

おたがいがどんな恋愛をしてきたか、あるいはしてこなかったのか。

年齢差に関係なく、恋人同士なら気になる案件です。

ただ、「どうしても知りたい、知りたくない」、「話したい、話したくない」など、それぞれに温度差はあるもの。

いずれにせよ、つきあいはじめて3ヵ月目までは〝**過去恋リサーチサービス期間**〟。

「初回のお客様のみドリンクサービス」的なひとときです。

この間、適度にさじ加減をしつつ、なるべく相手の好奇心を満たすように努めましょう。

脚色しすぎて引かせてはナンですが、「元カレの話を聞けば聞くほど燃える！」という人もいるので、反応を見つつ舵をとるのがいいですね。

逆に、「もしや彼は経験ゼロかも？」という場合。

それとなく聞いて流されるようなら、深追いしないのが賢明です。

「一度も攻め込んだことのない兵士（童貞）と、一度も攻め込まれたことのない城（処女）。どっちが優秀か？」などという問いかけがありますが、これはとってもナンセンス。

戦歴は誇るものではないし、平和に勝る勝利はありません。

12歳下の夫をもつ友人は、彼の〝過去〟を知らないと言います。

「たぶん、彼は私がはじめて。だからって気にしないし、プライドを傷つけてしまうかもしれないから、過去は訊けない。ってか訊かない」のだとか。

それまで引っ込み思案だった夫は、彼女との結婚を機にムクムク前向きになり、表情には〝夫っぽい余裕〟が浮かんでいるそうです。

過去をつついてせっかくの幸せに水を差すのは、もったいない。

間違いなく言えるのは、これまでの人生のどのパーツが欠けていても、今のふたりとして恋することはなかった、ということです。

恋の澱《おり》は、甘くも苦くもやはり毒。

デトックスはサービス期間に済ませて、ふたりだけの思い出をバンバン積むのがいいのでは。何年もしてから思いついたように過去を掘るのは、ケガの元なのでやめましょう。

✦過去恋リサーチサービス期間

人は死ぬと、天に行く前に未練を断ち切る場を通るとか言います。恋も同じ。悔いなく素通りできるならいいですが、そうでないなら、モヤモヤは晴らしてから昇天いたしましょう。

年下の彼と距離をつめる

彼と距離をつめていくにあたり、気をつけるべきは〝年上アドバンテージ〟の使い方。

これをしくじると、単なるパワハラBBA《ババア》になりかねません。

心して、慎重にいきましょう。

「目上を敬う」、「目下を可愛がる」などと言いますが、あなたが年上であることで、彼も多少の〝圧〟は受け入れてくれていると思います。

だから、頼みごととか、言葉遣いとか、ちょっと偉そうにしても聞いてくれるなら、それはあなたが〝年上〟だからにすぎません。

たとえるなら、若者が優先席を譲ってくれるのと同じです。

それを見誤って、「彼は私に弱いから」などと得意がるのは大マヌケ。

たまに、おたがい〝命令ごっこ〟とわかったうえで、「ねーねー！これやってよ！」とか言うのはアリですよ。

でも、〝年上だから立ててくれている〟のを忘れて、恍惚としてはいけません。

あなたは年上ゆえ、彼の許容範囲に一歩踏み込んでいる。

ということは、一歩下がってようやく、彼と並ぶことができるのです。

ふたりニコニコ、プレイとしてやっているならいいですが、彼をパシリに使ったり、「ちょっとつきあいなよ！」なんて強制しては、いつまでたっても足並みはそろいません。

彼を子分にしたいのか、恋の相手として近づきたいのか、よく考えておかないと。

恋愛でなくても、なめられまいと強気に出たり、偉そうにふるまう人はいます。だけど、そういう人ってだいたい弱虫。真似しても、いいことはありません。

「BBAだし、うるさいから言うことを聞いてやってる人」じゃなくて、「好きだから丁重に扱いたい女性」にならなくては。

なので、彼に頼みごとをしたり、甘えたいときは、「もしよければ〜してもらえたら嬉しい」というように、一歩引いて伝えてみてください。

それが戦力外女子の賢《さか》しさです。

ついつい年上アドバンテージに酔って、嫌われちゃったらあまりに残念。

クーポンを使い切るのに夢中な客は、あまりエレガントには見えないように、年上アドバンテージも、「使わにゃソン」と躍起になるのは無粋です。

優先席は、厚かましく座るものじゃない。

年上でも偉ぶることなく対等であろうとするあなたは、彼にさわやかな印象を与えるはず。同じ位置に並んではじめて、心の距離も近づくと思うのです。

✦年上アドバンテージ

これ、ひとつ間違うと体育会系の〝可愛がり〟みたくなっちゃいます。年下の子が従ってくれるとかなり気持ちいいですが、自制すべし。彼をパシリにしちゃダメ！

〝友だち〟になってはいけない

年下の彼と恋するにあたって、絶対に切ってはいけないカードがあります。

それは、〝友だち〟カード。

〝友だち〟カードを気安く使うと、思わぬ痛手を食らうこともあるのです。

よく、「友だちでしょ！」とかいって安易に距離を詰め、彼を仕留めた気になっている人がいます。ちょっとの間仲よくしたいだけなら、まぁそういうのもアリでしょう。

でも、彼と末永くやっていきたければ、おすすめはできません。

なぜなら、男女の友だちルート、恋人ルートというのは、似て非なるもの。

一般道と高速道路くらい違うのです。

恋人になりたいなら、恋人ルートに乗って走り続けなくては。

一方、友だちルートは、ときに並走したり離れたりしても、どこまでも続くのは友だちとしての道筋です。

友だち同士だと、もしそういうことになっても、「男と女だからたまにはそういうこともある。でも、言うても友だちだよね」と、核心がぼやけてしまいがち。

〝友だち〟と呼んでいいのは、今現在本当に友だちである場合か、極めて女性としての魅力が高く、**どんなポジションでも思いどおりの関係を築ける人**✦に限ります。

が、いずれにしてもステディとして意識したら、友だちの看板は外したほうが賢明です。

「親しくなったとはいえ、まだ恋人ってほどでもないんだよなぁ」というあなた。

だからって、無理矢理今の関係を〝友だち〟と呼ぶことはありません。

上司と部下、先輩と後輩、仕事相手、サークルのメンバー、趣味の仲間、友だちの知人、なんでもいいですが、ふたりは〝友だち〟ではないと、自覚しておいたほうがいいですよ。

〝部下だけど好きな人〟、〝趣味の仲間で気になってる人〟とか、呼びたければ呼び方はいろいろあります。自分の中でしっかり線を引き、彼を〝特別枠〟に置かないと、都合のいい女友だちとして大人時間は過ぎていきます。

なんでこんなことを言うかというと、そこに恋の畏《おそ》れやリスペクトもなく好きにさせては、「これでいいいんだ？」と彼に誤解させてしまうから。

もう、男女入り乱れて宅飲みだの雑魚寝だのやらかした学生時代じゃないのです。恋人まではあと一歩でも、あなたは彼にとって〝大事にしたい年上の女《ひと》〟であるべき。

〝友だち〟というべールは、気まずさを隠してくれることもありますが、ふたりを踏み留まらせる罠でもあるのです。「オレたちって、友だちですかね？」と彼に訊かれたら、「うーん？　友だちではないんじゃない？」とまろやかに否定してくださいね。

✦どんなポジションでも思いどおりの関係を築ける人

すごくうらやましいのですが、女子力魔神の中には、たまにこういう人がいます。でもそれは、選ばれし人。「私は違うな」と思ったら、マネなどしてはいけません。死にますよ。

朝まで一緒に過ごしたら

たぶん、男の筋肉神話と、女の美肌神話は似ているのです。

男は、筋肉さえあれば女はイチコロと思い、女は肌が美しければ男を御せると思っている。でもこれ、ちょっと違います。

筋肉と美肌でマウントできるのは、あくまで同性に限るのです。

そして、好きになった人の肌や筋肉に、そこまでねちっこい目を向ける人は、いない。

それでも女は、わが肌の衰えが恋の魔法を破ってしまわぬか、ついビクついてしまうもの。

あるとき私は、友人と岩盤浴に行きました。

湯上がり、すっかり弛緩して無防備になった肌を見て、おたがい「ヤバイねぇ。でも、こんなもんよねぇ」とうなずきあったことを覚えています。

ファンデを脱いで浮かび上がった薄いシミ、目元に走る小ジワ、頬のたるみに陰影を増す、ほうれい線……。ふたりして、老いのオールスターキャストを生温かく見ていましたが、肌を見るのが彼ならば、そんなノンキなことは言っていられません。

一夜を過ごし、姫と思って見た女がババだったとあっては、イザナギ伝説のように彼は逃げ去ってしまうかもしれません。つ、つら……！

で、おっかなびっくりお泊まり↓朝を迎えましたが、彼の態度に変化なし。

ヤブヘビになるのもナンなので、後日「私のスッピン、どう思った？」と、訊いてみました。すると、「どうって、どう？」とか言うじゃないですか。

モジモジしながら「いや、シワとかシミとか……」と続けると、「えっ？　そんなのジロジロ見なかった。第一、シワがあるからヤダとかなら最初っからこうならないし、考えたこともなかった」と、不思議そうに言われたのでした。

そ、そうか……。

肌のゆるみを責められたくないと思いつつ、責められるに違いないと思っていたのは、私のほうだったんだ……と、このとき実感したしだいです。

2

年下男子と恋をする

また、どうやら男性は顔立ちとか胸のあるなしとか、好き嫌いを〝造形〟で見ることはあっても、肌の手触りとか〝テクスチャー〟でダメ出しすることはなさそう、とも感じました。

なので、肌に刻まれた年齢を、ムリクリ隠そうとしなくてもよさそうです。

それより、昨夜は楽しかった、幸せだったと笑顔で伝えたほうがいいみたい。

それと、肌はともかく、一夜明けたからって〝**態度がオババ**✦〟はよろしくないと思います。

急に厚かましくなるとか、身づくろいに品がないとか。

そこさえ押さえたら、自信をもって夜を重ねてよさそうです。

✦**態度がオババ**

やたらベタベタしたり、「やってやったぜ！」みたいなドヤ顔は、彼を興ざめさせるもの。元気な雷おこしより、はんなりとした生八つ橋のような雰囲気を出しましょう。

年齢とウエストは似ている

女性の年齢とウエストは、とてもよく似ています。

それぞれ、20代、50センチ台でないと、女としてカウントされないあの感じ。

じゅうぶんに若々しく細く見えても、「えっ、30代⁉　ウエスト、60センチ台なんですか⁉」とか言われたら、塩を振られたナメクジみたいに、しゅるしゅるとしぼんでしまいそう。

あの目線を知っているから、齢《よわい》を重ねた身を差し出すのはこわいし、気が引けるのです。

年下の彼に惹かれたばかりのとき、私は恋愛フランケンでありました。

オンボロの身体を引きずって、それでも彼が恋しく涙ぐむ。

悲しくいじましい、フランケンシュタインのようだったと思います。

今なら「お前、自分を下げすぎ！」と言えるけど、当時はまったく真剣でした。

13歳年下の彼をもつAさんも、やはりフランケンだったひとりです。

彼と旅行に行くことになった彼女は、新しい下着を買いに行きました。

ランジェリーショップは若く可愛らしい女性たちであふれ、Aさんの心も華やぎます。

彼女が気に入った下着を手に取ると、20歳くらいのコが同じ物を買っていったそう。

そのとき急に、「これは、ああいう可愛いコのためのものなのに、私ったらなにずーずーしく買おうとしてるの!?」という思いが押し寄せて、身動きが取れなくなってしまったとか。

「でも、若ぶるつもりなんか本当になくて、ただ、可愛いなぁって思っただけなんだ……」。

パンツを持ったまましゃくり上げるAさんを救ったのは、ショップの店長です。

すごく年下の彼がいること、彼との旅行で着る下着を買いに来たこと、でも年甲斐もなく可愛いパンツを買おうとして、申し訳なく思っていること——。

気持ちを止められず、一気にまくしたてたAさんに店長は、

「まあ！　年下の彼なんて素敵じゃないですか。それに**これからの人生で、いちばん若いのは今日**ですよ？　気に入ったおしゃれをしなくっちゃ」と、背中を押してくれ

たとか。

結局、最初に手にした下着を買って、Aさんは旅行を楽しんできたそうです。

もちろん、当時の〝彼〟は、今彼女の〝夫〟になっています。


年下の彼に恋すると、最初に引っかかるのが〝年齢ウエストトラップ〟です。

「パッと見はいけても、お前には年下の彼と恋する資格はないんじゃないか？」

年齢ウエストトラップは、そう揺さぶりをかけてくるのです。

そうやって、戦力外女子はフランケン化してしまう。でもこれってば、美しくなる前段階。

ほのかな弱気は、むしろほどよい色気となってわれらを彩ります。

フランケン化は、年下の彼を愛するための通過儀礼のようなものなのです。

✦これからの人生で、いちばん若いのは今日

これは、ほんとそのとおり。アイスクリームのように日々時間は溶けていくので、急ぎたいことがあれば急ぐべし、です。

20代はトレンディドラマ、30代は大河ドラマで行け！

彼の隣で、私はどんな姿でおればいいのか。

戦力外女子といえども、悩みます。

はりきって若作りする気はないけれど、あまりに落ち着いてしまうのもどうなのか。

大人っぽさを盛りすぎて、デート中、「あの男、たぶんレンタル彼氏だよ」などと指差されるのも不本意です。

特に、アラフォーあたりのみなさんは、おしゃれ界の中間管理職ともいうべき年代です。

下からは「BBAのくせに」と突き上げられて、上には「まだ若いのに」とドヤされる。

いったいどうすりゃエエでしょう？

昔、エイジレスな魅力あふれる女優さんに取材で教えてもらったことがあります。

彼女いわく、「20代まではトレンディドラマ、30代からは大河ドラマで行け」とのこと。

若いうちは流行や軽やかさを意識して、大人になったら、浮つかずハラの据わったおしゃれをしなさい、という意味です。

ハラとは、自分なりのポリシーのこと。

自分とサシで向き合い、「文句ねぇわ」とうなずける服を着る。

そうすれば、彼のそばで「私、おばさんに見えない？」なんてオドオドすることもなくなります。

そこに**媚びや威圧のない装い**✦をしているとき、戦力外女子は最も輝くのだと思います。

私の場合、普段はシンプルなシャツにパンツ、靴はスニーカーをよく履きました。

若者界でミニなど流行っても、もちろん手を出したことはありません。

だって、戦力外女子がミニスカ戦に乱入しても、美を引き出すどころかリングアウトがいいとこです。

あと、単に好きな色でなく、本当に似合う色を着ることも大事だそう。

黒瞳《くろめ》派は黒やブルーなど寒色ハッキリ系、茶瞳《ちゃめ》派は茶やクリーム色など、暖色ホッコリ系が似合うとか。〝似合う色の、らしい服〟は、大人のこなれ感を出す模様。なので、個性は色、エイジ感は型に求めるとよさそうです。

たとえば、私は目が真っ黒なので、寒色のほうが似合います。ワンピースなら白や紺、丈は膝下やロングマキシにすると、ハマリがよく見えるよう。

これなら、服でも恋心と年齢のバランスが取れるのです。

釣り合いとは、ハーモニーのこと。自分らしい装いでいれば、ふたりから立ち上る雰囲気もやさしく、調和のとれた関係に見えるのだと思います。

✦媚びや威圧のない装い

全身ブランドもので武装するとか、10代の少女のような服を着るとか、どっちも〝らしさ〟を損ないます。前者はおっかないし、後者は不安になりそう。優しく安らかでどこか凛々《りり》しい。そんなコーディネートができたらいいですね。

彼を女友だちの見世物にしない

ユースと親密につきあうようになってから、私は彼とのありしことどもを記録するようになりました。まるで、書きさえすれば彼も幸せも留め置いておけると信じるかのように、言われた言葉から食べた物まで、キリキリとノートに書き付けていったのです。

手帳やら日記やらを親友のように重んじるのは女の性《サガ》ですから、これに年上とか年下とかは関係ないように思います。おそらく、男性は寝物語にささやいた甘い言葉など、速攻で消去したいはず。でも、女性なら音声や動画で残したいとさえ思ってしまうもの。

私が浮ついていたころ、まだスマホはなかったので、せいぜいノートに彼のセリフを書く程度でしたが、今のカップルはのっけからクソ甘な動画をバンバン残しておるのでしょう。危なっかしくも、けっこうなことだと思います。

いつぞや、「着ボイスにするから、なんか言って！」とレコーダーを差し出し、「どうしようかな。そういうのは、ちゃんとリアルで聞くのがよくない？」と彼にたしなめられたことがあります。

舞い上がるうち、キモさの臨界点に触れていた自分に、今ならそっと平手をお見舞いしたい。どうかあなたは、そんな愚行をなさいませんように。


ま、記録付けは無意識の証拠固めでもありますが、もうひとつ女がやりがちなのが、〝女友だちへのお披露目〟です。信頼する友だちに太鼓判を押してもらえたら安心ですが、彼を引き合わせるのは、ふたりの仲が完全に固まってからがよさそうです。じゃないと、〝外堀埋めます感〟が強すぎて、彼は引いてしまうのです。

なぜ、彼を女友だちに会わせないほうがいいか？


それは、彼女が〝お義父《とう》さん〟になってしまうからなのです。

女というのは、親友の彼に会うとなると、妙に男らしい気になってしまうもの。友だちなのに、「ウチの娘を泣かせたら許さん！」くらい思ってしまうんですね。

このうっとおしい侠気《おとこぎ》が、年下の彼にはとても重い。

実父と対峙するならまだしも〝**なんちゃって親父**〟に値踏みされるなんてダルいのです。まだ将来も見えないうちに、「この子、いい子だから大事にしてね！」なんて微笑まれたら、こわいッスよ……。

それに、男の人って見世物にされるのをいやがります。たとえそれが自慢でも、「見せびらかされるのは居心地悪い」と感じる模様。なので、親友に紹介するなら、一緒に暮らすとか結婚するとか、大きな進展があるタイミングがベストではないかと思います。

✦なんちゃって親父
私も、親友の夫や彼に会うときは、父親のような気になってしまいます。度を超さないよう、気をつけたいものですね。

〝束縛〟と〝提案〟は違うと教える

男性が気のおけない相手と〝結婚〟を語るとき、よく「ついにつかまったな！」とか「年貢の納めどき」といった言葉が出てきます。

前者は逃げていたのに捕捉されたこと、後者は物事に見切りをつけて観念することを指しますが、どっちにしても決してポジティブでは、ない。

女性が「ついにつかまったわね！」とか、「年貢の納めどきね」と言われることはないし、言われるとしたら「ついに花嫁さんね！」とか、「いよいよゴールインね！」など、洋々たる未来を思わせる言葉に限られます。この違いはなんなのか？

たぶん、誰でも根底に〝ベーシックな結婚〟の刷り込みがあるからです。

〝ベーシックな結婚〟は、プリインストールされているアプリのように、「結婚ってこういうもの」と人に語らせてしまうのだと思います。

みんなが共有している〝結婚〟の概念は、「男はずっと自由気ままでいたいけど、そこそこで諦めて妻子のために生きるもの」、「女は家庭や子育てを第一に、夫が元気に働けるようケツを叩くもの」みたいな感じでしょうか。

ＣＭやホームドラマでも、しっかり者のママと気弱なパパ、みたいな図はよく見られます。

で、男性の立場からしたら、そんなのヤですよねぇ？

だって、つかまったり年貢を奪われるのは、罪人や支配されてる人だもの。

だからこそ、日頃から彼の〝束縛チェッカー〟が作動しないよう、注意せねばなりません。

ふたりの予定を勝手に決める、先約があるのに自分を優先しろと迫るなどは、立派な束縛。束縛は、支配の前段階です。ただ、〝束縛〟と〝提案〟は異なります。「日曜日、映画に行こうね。もうチケット買ったから」は束縛ですが、「よかったら、日曜日映画に行かない？」は提案です。中には、**束縛と提案をごっちゃに**して不快に思う人もいますが（私の彼とか！）、そこは矯正してやっていいとこです。

相手に選択を委ねるのが提案で、提案なくして関係は進展しないもの。

2
年下男子と恋をする

「日曜日映画に行かない？」は、つきあいだして間もないころ私が彼に言った言葉です。

他に予定があるなら、それはそれでよかったのですが、「その日のことは、その日に決めたい。こういうの束縛されてるみたいでやだ！」と言われて面食らったことを覚えています。「ボク、ちょっと可愛いからってなんか勘違いしてねぇか？　交際っていうのは、提案して、されてで織りなす〝あやとり〟みたいなもんなのよ。束縛と一緒にしてんな！」……ということをもうちょい優しく言って、束縛と提案の違いを諭した記憶がありますよ。

年下男子は、特に縛られるのを嫌うもの。やんわりと、手ほどきしていきましょう。

✦束縛と提案をごっちゃに

年下男子に限ったことではないですが、「常に自分が提案する側にいたい」という人もいます。あなたの彼がこういうタイプなら、これも矯正案件です。

戦力外女子、無理をする

戦力外女子が恐れることに、〝年のせいで、彼につきあえないんジャマイカ？　問題〟というのがあります。

「つきあえないかも……」と心配になるのは、肉体的に過酷だったり、ジェネレーション・ギャップがありすぎて、感覚を共有できない趣味のこと。

彼に、「同年代の彼女ならわかってくれるのに……」なんて舌打ちされる事態は、なんとしても避けたいところ――。負けず嫌いな戦力外は、ついそう思ってしまうのです。

もともと趣味を通して知り合ったとか、共通の楽しみがあるなら、あまり問題ありません。

けれど、職場が一緒とかスポーツジムで会ったとか、おたがいの好みを知らない場合、ちょっとずつお披露目&プレゼンしていく必要があるのです。

「自分の好きなものを知ってもらって、ぜひ一緒に楽しみたい」という人もいれば、「こういうのが好きなんだけど、見守ってもらえたらそれでいい」という人もいます。

私の彼は、どちらかというと〝知ってもらって一緒にGO！〟な人。そうしてもらえるのは嬉しいし、ちょっとこそばゆい。ですが、つきあえるかどうかは、まったくもってどんな趣味かによるのです。

つきあい始めた当初、彼が特に好きだったのはクラブ通い（銀座じゃないほう）。「今週は、ドイツから誰それが来てDJをやるから！」とかいって、麻布だの新木場だのにしょっちゅう出かけていきました。でもこれ、みんな夜中にやるんスよ？（当然）。

私は健全なるジャニヲタなので、朝10時からコンサートがあってもへっちゃらですが、真夜中の宴だなんていただけない。けれど、「BBAだから夜がつらいの？」と思われるのは、もっとイヤ。かくして彼に手を取られ、ナイトクラビングに挑んだりもしたのです。

ちなみに私はバブル育ち。夜遊びといえばディスコ（！）の世代です。

ディスコにはボックスシートやソファがあり、基本的にフリードリンク・フリーフードとなっていいます。疲れたら座って休めばいいし、お腹が空けば飲み食いできる優しさ仕様。

かたやクラブ様はスパルタです。あんまり座る場所はなく、飲みたきゃカウンターでその都度購入、大きなハコなら屋台が出ますが、フードは原則ありません。

しかもメインのＤＪ殿は、意識が朦朧《もうろう》としてきたころに、ようやくお出ましになるのです。

元気に踊る彼のそばでカラ元気でワッショイ踊り、業務遂行しましたが、まあいい経験になりました。彼には「楽しかったけど、私はたまにでいいかな？」と、今後は応援にまわることを宣言。彼が出かけたいときは、気持ちよく送り出すことに決めました。

どんな趣味でも、最初から「私、そういうの無理だから」と切り捨てるのはオババの所業。

せめて**一度はつきあってみて、理解を深める**のがいいと思うのです。

✦一度はつきあってみて、理解を深める

小さな拒絶も、つもりつもればけっこうな傷になるものです。「わかろうとしてくれた」というだけで、ちょっと嬉しくなるものです。

絶対におごってはいけない24時

男女のつきあいが始まると、絶対に「デート代はどっちがもつか」という話になります。「そりゃ男がもちますよ」とか「女性も財布くらい出してほしい」とか「場合によっては女性も出すべき」とか、この話題は荒れるし正解はありません。ただ、戦力外女子となれば話は別。

デート代はワリカン。これ一択です。

彼の〝義母《かあ》さん〟や〝義姉《ねえ》さん〟をやりたいなら、思いっきし甘やかしてどうぞ。でも、彼をパートナーとして考えるなら、カネで飼い慣らしてはいかんのです。

それにしつけは最初が肝心。のっけから「支払いは年上の私」ルートを開いては、軌道修正がめんどうです。

私の場合、おごったり、おごられたりするのはどちらかの誕生日と、自分（相手）

から誘った特別なデートのときだけでした。最初から〝自分の分は自分で出す〟ルールにしておけば「私が出すべき？」とか「出してほしい」とか、ムダにモヤモヤすることもなくなります。

もちろん彼がスペシャル大富豪であるとか、すごい経済力の持ち主なら話は変わります。けれど大抵、若い男の子って懐はさみしいです。それでも、「お金ないんでしょ？」とエラぶったり、「期待してないから」みたいな顔をするのは、クソ失礼だと思うのです。

デートは彼に無理のないレベルに合わせて、特別なときだけちょっとがんばっていい店に行く。このくらいの力加減でいきましょう。したり顔で彼を高級店に連れ回しても、若いツバメにはしゃぐオバハン感が増すだけ。冷静に、冷静に。

それでも、たまには彼に思いっきり食べさせてあげたいとか、自分の好きな店に行きたいときは、ひと芝居打ってみてはいかがでしょう？

「どーしても、このホテルのローストビーフが食べたいの！　私が出すから、一緒に行ってくれない？」などと、〝私のワガママにつきあって〟というテイにする。

もしくは自分の分をいろいろ頼み、「思ったより満腹になっちゃった！」と早々にギブ。残りを彼に食べてもらう、とか。後者は、私もよくやりました。

つきあい始めた当初、ちょっといい店で食事をする際に、メインにパンやライスを付けたり、ドリンクをおかわりすると、彼はけっこう苦しかったようなのです。本当はお腹が空いているのに、「ライスはいいかなぁ」とか、がまんしていることがありました。

そういうときは私がライスを頼んで少し食べ、「残すのもったいないから、食べてもらえる？」と、彼に手伝ってもらっていたのです。私は食べ過ぎを防げたし、彼のお腹もふくれて、ウィンウィンだったのではないかと思います。

おごるなら、あくまでさりげなく。絶対に〝**これみよおごり**✦〟はいけません。

✦**これみよおごり**

店員さんにチラッと見られて、こちらに伝票を置かれると、つい「おねーさんにまかせなさい！」とか言ってしまいがち。でも、これみよがしにおごるのは、ホントやめたほうがいい。自分の分を添えて伝票を渡し、レジには彼に立ってもらいましょう。

〝重い女〟じゃなくて〝地に足のついた女〟

彼氏がいるのに、年下の彼に告白された人を知っています。

彼女、熱意に負けて何度かデートはしたそうですが、やはり彼とはかみ合わず、交際はお断りしたとか。

この彼の告白の言葉が、なかなかヒドかったと彼女は笑います。

当時彼女は30代前半。結婚を考える恋人がいました。

そこへ、20代前半の彼が割り込んだのです。

いわく、

「自分はまだ若いから、傷ついてもやり直せます。だから、つきあってください！」

とのこと。

一見、健気《けなげ》な告白に思えますが、何気に残酷なことを言っています。

「たしかに、あなたはやり直しがきくだろうけど、こっちはどうなるんだって話だよねぇ」と、私。

「でしょ？　こっちは後がないし、傷ついたら立ち直れないって言いましたよ」と、彼女。


おそらく、このふたりの場合はそれでよかったのだと思います。

彼は若さゆえ視野が狭く、自分の思いをぶつけるだけで精一杯。

彼女も、情熱一本やりの彼に向き合う余裕はなかったのです。

持ち弾の少ない者が、残弾豊かな者にハンデを請うのは、パッと見ズルいように思えます。でも、正直な気持ちは伝えたほうが、絶対身のため。

交際間もない相手、それも年下の彼に将来を語ったり、結婚をほのめかしたりしたら、重い女に思われないか？　焦っていて恨みがましく、カッコ悪い女に思われまいか？

その恐怖が、あまたの女をたじろがせてきたのです。

けれど、あなたは戦力外女子。

✦

〝重い女〟になる必要はないですが、〝**地に足のついた女**〟でなくてはいけません。

結婚に対する希望やポリシーがあるなら、さらりと伝えたらいいのです。てか、結婚したいにせよしたくないにせよ、とっとと口にしたほうが、早期特典が付くような気さえします。

ここでちゃんと伝えておかないと、「結婚は考えなくていいんだぁ」とか、「オレと結婚してくれるんだ」とか、彼はあなたの意に反した思いを抱くかもしれません。「好きな人とつきあうことになったら、もちろん結婚を考えるよ。私の考える結婚って、たとえばこんな感じかな」と、ゆっくりやわらかく説いていきましょう。

✦地に足のついた女

〝地に足のついた女〟とは、自分がどうしたいのかしっかり気持ちが固まっていて、人まかせにしない女性のことです。〝結婚〟にしても、自分にとってのそれがどんなものなのか明確でないと、プロポーズすることも受けることも困難というもの。グッと大地を踏みしめて。

彼の言葉は、まず〝通す〟

私はかつて、伝説のプロ雀士に取材したことがあります。

彼は、日本刀を突きつけられてヤクザの〝代打ち〟をするなど、幾多の修羅場をくぐってきた人で、駆け引きのプロでもあります。

この人に教えられた、「人の言葉は、まず通す」というひと言が、とても印象に残っています。そう、年下の彼の言葉も、まずは絶対に〝通す〟べきなのです。

〝通す〟とは、文字どおり、自分の中にただ通すだけのこと。

賛成や反対のジャッジをせず、ただただ、「へぇ、そう思ってるんだ?」と、通す。

しかし、これがなかなか難しいのです。

年下の彼と恋して、その将来も描きはじめると、彼の一言一句にヒヤヒヤします。

自分だって同じ年頃のころはいろいろ言っていたろうに、彼が、「オレ、しばらく海外に住みたい」とか「友だちとオーロラを見に行きたい」とか「タトゥーを入れたい」とか、生グサイものになると、「結婚しなくても、一緒にいたい！」とかのたまうたびに、「お前は何を言ってるんだ？」と、叱りつけたくなってしまう（あ、これ全部私が言われたことです）。

海外って、私を置いてワーホリにでも行く気かよ？　とか、誰とオーロラ見たいんだよ？　とか、今からタトゥーってちょっと待ってよ、とか、最後の……結婚しなくても一緒にいたいとか、お前なめてんのかよ？　とかね、告訴したくなるのもわかります。

だけど、責めたり泣いたりしては、ダメですよ。がまんして、通す。通すだけ。

そりゃ、「海外ってあなた、いつからいつまで、どんなビジョンをもって行くの？」とか、「学生じゃないんだから、ただフワフワ行ったってなんも起こらないわよ？あげく何年かして戻ってもすっかり浦島太郎だってばよ！」みたいに、いっこいっこバッテンを付けていくことはできるのです。けれど、そんなことをしてなんになる？

子どもが「**ボク、将来ユーチューバーになるんだぁ**✦」というのを、叩きつぶすのとおんなじです。

「だって、私には時間がないもん。マジで海外なんか行かれて、他の女の子と出会ったりしたらどうするの?」って不安も、本当にわかるんです。でもね、本気でそれを考えていたら明確に話してくれるでしょうし、具体的な計画があるなら話はまた別です。

夢を叶えるとは、〝いつか〟を〝いつ〟にする作業のこと。

そのためには、お金と時間、実行に伴うリスクの計算も欠かせません。

なので、彼が〝いつ〟と話しはじめたら、あなたなりの見解を示していいと思います。けれど「○○したいんだぁ」くらいの段階では、同調も批判もせず、〝通す〟のみでいい。

これは経験則ですが、〝いつか〟の大体は立ち消えになるので、心配には及ばないのです。

✦「ボク、将来ユーチューバーになるんだぁ」

世の中には、思ったことをなんでも口に出す人がいます。若い人はなおさら、そういう傾向が強いかもしれません。全部マジで受け止めていたら吐血しますよ。

〝彼サト〟に進撃しない

彼の生まれ育った街というのは、ファンタジーの王国です。

まだ見ぬとき、そこはえも言われぬ楽園、かくも魅力的な場所に思えます。

たとえ殺風景な田舎町でも、つっけんどんな都会でも、自分の知らぬ彼のいた街は、くっそ素敵に見えるのです。私も、彼の故郷《ふるさと》（以下、彼サト）の話が好きでした。


小学校のとき、放課後〝鋼鉄アイス〟を買った店、夜店のくじで儲けた神社、死ぬほどうまいラーメン屋、高校時代バイトしていたファミレスなどなど、それは楽しげな風景が頭に浮かびます。

ちなみに鋼鉄アイスとは、カチンカチンでピックの刺さらぬ雪見だいふくのことだそう。

小学生の彼がアイスをつっついているところ、想像しては目尻を下げました。

2
年下男子と恋をする

で、ロケ地めぐりのように、彼サトを訪ねてみたくなったのです。

……が、すんでのところでやめました。

なぜって、彼サト探訪、それは立派なテリトリー侵害だからです。

男性は、自分の領地を侵されるのを嫌うもの。

彼の許しがあるまでは、絶対に踏み込むべきではないのです。


うっかり〝聖地〟に立ち入って、フラれた人も知っています。

まだお試し交際だったのに、嬉しくて、浮かれて、彼サトにひとり乗り込んだその人は、彼行きつけの店に顔を出し、あろうことか「○○の彼女でっす！」と大暴れ。

もちろん彼はドン引き＆激おこです。

彼だって、時期が来たら彼女を故郷《くに》に連れて行き、友に紹介もしたでしょう。

なのに、先走られてはツラすぎます。**ひとり彼サトに攻め入るは、単なる進撃。**

会計せずにコンビニのパンをかじるようなものなのです。

とはいえ、女性は彼のすべてを知りたくなるもの。私とて、女ですからわかります。

でも、マジで無許可の特攻はやめるべし。

「誰にも言わないし、ヒミツにする」？

いやいや。きっとあなたはインスタに思わせぶりな写真をアップします。スマホを見て白目になる彼。焦りうろたえるあなたが、ほら、目に浮かぶよう。

それでも彼サトが気になるなら、もっと話してもらえばいいのです。そのうち「じゃあ一緒に行く？」となってはじめて、私もかの地を踏みました。話に聞いた景色を見たときは、「これが、あの！」と、感激したのをおぼえています。彼というガイドなしには踏み込めない地。だからこそ、彼サトは特別な場所なのです。

✦ひとり彼サトに攻め入るは、単なる進撃

やっていいのは、「グーグルストリートビューで彼の実家をこっそりチェック」、「〝おいしいって言うから、気になって〟と、彼サトの名物をお取り寄せ」くらい。「〝ことりっぷ〟を片手に彼サト特攻！」は、NG！　なまじっかフットワークが軽いのが、戦力外女子の難点です。フォースの使いかたを間違えないように。

VS年下女子

もし、恋のライバルが現れたら——。

それも、年下のライバルが現れたら、戦力外女子はどう迎え撃てばいいでしょう？

「どうしよう、どうしよう」と右往左往するのは愚の骨頂。むしろ、「おもろいことになってきた！」と歓迎してください。ライバルの存在は恋を盛り上げます。

相手が年下の場合、やっぱりというか、ここぞとばかりにこっちのハンデを突いてきます。

世代の違いやカラダの老いを槍玉に上げ、恋を突き崩そうとしてくるのです。

ここでひるまない！

プロレスでは、よく対戦相手に負傷箇所を攻められたレスラーが、悶絶するさまが見られます。「ケガしたとこを蹴るなんて、卑怯じゃん！」って気もしますが、弱点を攻めたてるのは王道の手段です。やられたほうも怒りません。

戦力外女子だって、年下の攻めは受け流せばいいだけです。

私も彼に気のある年下女子に、いろいろ言われたことがあります。

「年上だから頭がカタイ」とか、「徹夜明けの顔がヒドイ」とか、ほんといろいろ。

いずれ自分も年をとるのに、なぜ未来の自分にムチ打つようなことを言うんでしょう？


不思議でしたが、全力で私というライバルを殺《や》らねば、自分の恋が死ぬからやむをえなかったのだと思います。


でも、男だってバカじゃありません。

よくスパイ映画で敵に寝返った人が、**「味方を売るようなヤツは信用できん✦」**とかいってあっさり殺されたりしますよね？

あれと同じで、同性をディスって見下す女子は、かなり感じが悪く見えるのです。

彼がこの女子に下心があるなら別ですが、まともな人なら醒めた目で見遣るはず。

逆に気をつけたいのは、若さをブン回してこない女子。

おたがい正々堂々恋の土俵に上がったならば、こっちも気合いを入れてシコを踏まねばなりません。

2
年下男子と恋をする

「助けて！　あのコがいじめるのぉ」なんて彼に泣きつくのは違います。

あわてず、さわがず、おとしめず。

あなたはワタワタしたりせず、いつもどおりどっしりと彼を好きでいればいい。

いずれにしろ、ライバルはヒステリックに追い立てず、対処は彼にまかすべき。

年下女子がフレッシュな浅漬けなら、戦力外女子はスモーキーないぶりがっこです。

若さじゃ勝てない旨味を武器に、微笑みかえしてやりましょう。

✦味方を売るようなヤツは信用できん
逆にこっちもライバルの未熟さを攻めたり、若さゆえのチープさを叩くのはお下劣です。

彼に、「自分だって、若いころはお金も経験もなかったろうに」と呆れられてしまいます。

落ち着いて、しまっていこう！

戦力外ウェディング 3

歯ブラシは彼に選ばせよ

彼とねんごろになってくると、たがいの家にお泊まりする機会も増えてきます。で、最初は〝お泊まりセット〟を持参してたのに、だんだん歯ブラシだのメイク落としだの置きっぱにするようになり……。こういうの、なんも気にせん人もいるんですが、中には「自分の場所が侵食されてる！」と思う人もいます。私の彼がそうでした。彼は、元カノが合カギをくれてもまったく使わず、また自室のカギは渡さなかったというキョリカニスト（〝距離感にこだわる人〟の意）。たとえ彼女（や、その持ち物）であっても、自分の部屋に〝異物〟があるのが、あんまり好きではないようでした。あるとき、彼宅の洗面所に歯ブラシやらなんやら並べていたら、「あー！　そういうのそこに置かないで！」と、半泣きで言われたことがありました。……んん？

当時は、「じゃあ、一緒に暮らそうか」と話しはじめていた時期。

3

戦力外ウェディング

これが、なんのコンセンサスもとらず、「私たちつきあってるよね？」とか押し切ろうとしたなら別ですが、あまりにつれない言葉です。ここは、言ってやっていいところ。

「あなたは、私という女を受け入れ、一緒に暮らそうと言ったのではなかったか？　私だって、顔も洗えば歯も磨く。1日2日のお泊まりならば別だけど、私はずっと〝お客さん〟でいなきゃいかんのか？」……と、このくらい言いました。

彼はというと、ビビッてシュンとしている。

これだけ言われて、やっと〝肚《はら》落ち〟したようなのです。

女性を受け入れるということが、ピンときていなかったのかもしれません。

では、私はどうすればよかったか——？　今ならば、わかります。

歯ブラシは、彼に選んでもらえばよかったのです。

人は、自分が推したものをムゲにはできぬもの。彼の部屋で世話になるなら、歯ブラシとかコップとか、**アメニティは彼と一緒に選ぶ**✦べきでした。

そうすると彼も受け入れやすくなるし、〝異物を押し込まれる〟不快感もなくなります。

また、洗面所に置く私物は、スペースの1／3までとわきまえて。美容液だなんだとズラズラ並べては、あまりに彼が気の毒です。私は最低限の基礎化粧品と洗面用具だけにして、他はポーチにまとめておきました。反対に、彼があなたの部屋に住むときは、「ここ、使っていいよ」と彼の場所をきちんと空けてあげるといいですね。洗面所とか、クローゼットとか。

何が大切かって、〝やわらか融合〟です。「自分は大事にされてる。おたがいの暮らしをなじませるって、そんなに悪くないな」って、ともに思えたら何よりです。

✦アメニティは彼と一緒に選ぶ

彼女の物が部屋に増えると、どんどん萎えてしまう……。すげー勝手な言い草だとも思いますが、そういう人は少なからずいる模様。逆の場合もまたしかり。ムリに押し込まないほうがいいですよ。

3
戦力外ウェディング

赤ちゃんのこと――産白宣言！

彼と結婚に進む前に、やっておかねばならないことがあります。

それは、〝産白《さんぱく》宣言〟！

赤ちゃんや出産についての考えや、自分を取り巻く状況――たとえば、ひとり娘だから「後継ぎを生んでほしい」と親に言われているとか――を洗いざらい引っ張り出して、まずは自分に対して正直に白状する。その結論を、彼にきちんと伝えるのです。

私が彼とつきあい始めたのは30代半ばですから、出産を第一に考えるなら、いろんなことを急がねばならない年頃でした。年齢的なハンデに加え、彼は長男でしたから、親御さんは孫を切望しているかもしれない。わが親にしてもそうかもしれない。

だとしても、親のために生むというのはどうなのか。よし、子どもができたとしても仕事はどうするのか。私はフリーランスなので保障がないし、親から人的、経済的な援助も期待できない。ってことは、一気にどんづまってしまうかもしれない……。

頭をぐるんぐるんにして出した結論はこうでした。

「積極的には望まぬが、授かったならがんばろう。授からなければ、それもやむなし」。

当時、私が優先したかったのは、仕事でも遊びでも〝自由に動けること〟で、常に臨戦態勢でいたかった。また、結婚生活に子どもはマストである、とも思っていませんでした。

なので、これを踏まえ、

「私はこういう考えをもっているけど、あなたが絶対今すぐガッツでかならず子どもが欲しい、と思っているなら、私とのことを考え直してもらわないといけない。今はよくても、あなたが子どもを望んだとき、私は応えられないかもしれないから」と、伝えました。

で、返ってきたのは「うん、いいんじゃない？」なるスコーン！　とした答え……。

お前ほんとに考えたんか！　とズッコケましたが、たぶん男性って女のように出産タイマーがないから、切実さや焦りがわからんのかもしれません。

ただ、結婚前にふたりの気持ちをたしかめあっておくことは大切です。

どちらかにその気がないのに結婚に踏み切って、「子どももいらないよね？」「は？

なんで?」とか、「結婚したら気が変わると思ってた」「勝手に決めないで!」などと口論になり、結局別れたケースも知っています。

子どものことって本当に繊細で、若いからいいとか、年上だからダメとか言い切れません。年下の彼と結婚し、40代で出産した友人が何人かいますし、逆にひとまわり下の妻との間に子どもができず、悩んでいる知人もいます。

子どもは素敵だけど、〝ふたり仲よしなら百点!〟としておくと、平和かなと思います。

✦産白宣言

これは、絶対やっておくといいと思います。「彼ガー」とか「親ガー」とかじゃなくて「私はどうしたいのか?」、ちゃんと向き合って、その時点での答えを出して伝えるの、大事です。で、もし気が変わったらすぐに相談!

戦略外結婚は痛くない

若い男性にとって、結婚はロストバージンに似ているかもしれません。

これで完全に子ども時代と決別する――その切なさが、そこにはあるような気がします。

だから〝結婚〟の二文字を出されると、男は「デモデモダッテ」と身をくねらせる。

やりたいことが多い人ほど、自由と責任を交換するような結婚は、気が進まないのだろうと思います。


戦力外女子だって、気持ちは同じ。

だいたい、今まで〝自分ファースト〟でやってきた人が、急にしおらしい奥様をやれと言われても、ねぇ？

だから、戦力外女子と年下男子の結婚は、二人三脚でなく**手をつないで二人四脚**✦で

3

戦力外ウェディング

行くのがいいのです。

これを基本に、やっぱり二人三脚にしようとか、子どもができたらルールを変えようとか、ふたりが心地よくやれているかを見ながら、調整していけばいい。

結婚したら夫はカネも自由も家族に捧げ、妻は家庭を守ることに専念？

そんなきまりは、戦力外女子の結婚にはありえません。

趣味や休日は大切だし、ときには朝まで飲んできたって、全然いいと思います。

「ユルすぎて生活がまとまらないべ」とか「外泊ＯＫなんて浮気し放題じゃん」というご意見もありましょう。

いや、大丈夫。

最低限のルールを守れば問題ないし、むしろそこをガッチリ押さえておけば、安心して羽を伸ばせるのです。

また、浮気性の人は、締め付けたところでどうにかすり抜けてやらかすもの。

「男子禁制の女子寮に入れたから、娘は安心」というわけではないのと同じです。

大事なのは、ふたりの住まいを〝窮屈で帰りたくない家〟にしないこと。

2歳下の夫と暮らす友人は、旅行が趣味。でも夫は、家でのんびり過ごすのが好き。

妻はよくひとり旅に出かけ、夫は家でゲームをしています。無理に旅行につきあわせたり、家に留め置くのではなくて、おたがいがリフレッシュできる休日を認め合っているのです。

「夫婦なんだから、休日は一緒に過ごさなきゃ」とか、意気込まなくても大丈夫。「自分のペースでやれる」と思うと気が楽だし、心に余裕も生まれます。

戦略外結婚は、痛くない。むしろふたりの楽園開拓。その観点で始めてください。

✦手をつないで二人四脚

これが、戦略外結婚のキモと言えましょう。ちゃんと自分の二本の脚で歩けるから、なんも不自由なことはない。〝夫婦は二人三脚〟という概念があるから、苦しくなっちゃうのです。

彼を〝進化〟させるには

私が10《とお》も下の男と結婚するというと、皆が口をそろえて「いい人なんだろうけど、心配じゃないの?」と言いました。

心配というのは、ぶっちゃけると「金をむしられて、若い女に乗り換えられるんじゃないの?」ということです。自分じゃなくて人のことなら、私だってそう言うかもしれません。実際、結婚する少し前に彼はバイトを辞めて無職になっていましたし、貯金もありません。

バイト時代も、「お金がないので、今日はドーナッツ1個で過ごした」とか「ペットボトルのジュースを3日に分けて飲んだ」という話をよくしていて、「同じバイトの子はちゃんと食べてるのに、どうなってておるのやろ?」と、不思議に思っていたものです。

が、よくよく聞いてみると、どうやら彼はバイト代が入るとすぐ、CDを買い込んでいた様子。音楽が好きで好きで、食費も切り詰めてCDを買ってしまう——その気持ちはわかるし、私だって飲み代をまわしてジャニのCDを買うことはよくあります。じゃ、いいじゃんと。

それにこの子は小ざっぱりして清潔だし、健康だし、生きている。

おたがい、なんとかひとりでやれていて元気さえあれば、問題ないと思ったことをおぼえています。

戦力外女子とその他の女子の分かれ目は、このへんの考え方にもありそうです。

ポケモンにたとえるなら、最初っからカイリュー（とても強いポケモン）を欲しがるのが普通女子。

ミニリュー（カイリューの子ども時代）から手なずけてハクリューへの進化を楽しみ、最終的にカイリューになったねぇ、としみじみ見られるのが戦力外女子なのです。

実際、ほどなくして彼はＩＴ企業に就職し、食事をがまんせずともＣＤを買えるようになりました。

私たちだけでなく、戦力外カップルは最初男性の職が安定していないケースもよくあります。普通の女性なら、この時点で彼らを結婚候補から外す場合もありましょう。

「早く〝完成品〟をつかまなきゃ。どう転ぶかわからない彼なんかにかかずらわってるヒマはない！」という判断もすごくわかるのです。

けれど多くのユースは、「彼女に追いつきたい、見劣りしないようにしたい」との思いから、がんばって職を勝ち取ります。もともと働いてはいても、よりよい職を目指してステップアップする人もいます。

やっぱ、すぐそばにちゃんとやってる女性の姿があるとなしとじゃ、大違いなのかもしれません。

「年下なんて、ともすればヒモになるんじゃ？」と思われがちですが、「媚びず、脅さず、甘やかさず」で見守れば、かなり健やかに彼らは育つ。

それこそが、ブリーディングのコツだったように思います。

パートナーを見定める規準は人それぞれですが、「**清潔、健康、生きている**」✦、この3つを満たしていて好感が持てる彼なら、よき進化を遂げてくれると思うのです。

✦「**清潔、健康、生きている**」
内面の健やかさは表に出るし、日々きちんと生きているなら、それだけで合格点だと思います。年下男子の場合は、特に。

ワリカンで自己投資させよ

さて。

結婚を視野に入れる関係になっても、やっぱりデートはワリカンがいいでしょうか？

答えはイエス。

この間、双方の収入に劇的な変化があれば別ですが、そうでないならこのままでOK。

今ここで、無理におごってもらわなくてもいいのです。

何も、潔癖かましてこう言うのではありません。

まだ**成長途中の彼は、いわば〝種もみ〟のようなもの**。

安心して食べるには、まだ早いのです。

3

戦力外ウェディング

ときに、あなたは彼の懐事情を知っていますか？

だいたいの貯金額とか、借金の有無とか。結婚するなら、ある程度訊かないといけませ

ん。もちろん、自分だって バラさないとダメですが。

私の彼について言えば、25歳の時点で、借金もない代わりに貯金もゼロ。

それと、結婚してもしばらくはリボ払いを使っていました。

リボ払いは毎月の支払い額が一定なので、一見手堅い返済方法に思えます。

しかし、実は内訳の大半が手数料で、元金はなかなか減りません。

とはいえ、やむなくリボっている人は、決して少なくないはず。

わかっちゃいるのに、「損だからやめなよ」と言われても、切ないだけだと思うのです。

ここで彼をたしなめたって、いいことなし。様子を見るゆとりをもちましょう。

で、こういう状況でおごられても、負債が増えるだけなのです。

ならばその分返済に充てたり、自分のために使わせたほうが、よっぽど有益。

それに、もし自分も似たような感じなら、一緒にお金の勉強をするのもよさそうです。

「人に損だって言われたから」「やめろって言われたから」と、しかたなしにすることと、ふたり前向きに臨むことでは、身につき方も違います。

ワリカンを通したせいか、彼も徐々に貯蓄を殖やし、ほどなく残額を完済。今では誕生日など、ちょっといい店にエスコートしてくれています。

若いうちからなけなしの養分を吸っても、あなたにあんまり旨味なし。スカスカになった稲では、収穫も期待できません。

けれど、たっぷり滋養を宿した苗は、きっとすくすく育ちます。やがて豊かな稲穂がその頭《こうべ》を垂れるまで、楽しみに待ちましょう。そうなってから、じっくりと味わえばいいのです（ニッコリ）。

✦成長途中の彼は、いわば〝種もみ〟のようなもの

よく、「いいなと思う人は、みんな結婚してる」と言う人がいますが、人様が育てた苗を見て嘆かない。可能性のかたまりの種もみを、大事にしていきましょう。

親の〝賢也ブロック〟を解く

戦力外女子の親御さんというと、概《おおむ》ね60以上になられましょうか。

この世代のみなさんは、女がかなり年上の結婚を、手放しでは喜べない人たちです。

なぜなら不幸な前例が、記憶に残っているからです。

不幸な前例とは、あのふたり――。そう、〝ルミ子・賢也〟のことなのです。

〝ルミ子・賢也〟こと、小柳ルミ子さん、大澄賢也さんカップルは1989年にご結婚。

当時ルミ子さんは37歳で、すでに大スター。かたや夫の賢也さんは、24歳。13も年下の、無名のダンサーでした。当然というか、この結婚は周囲から好奇の目で見られました。

まだほんの小娘だった私でさえ、「絶対売名じゃん！」などとうそぶいていたものです。

どこにでも若い夫を伴って「星の王子様」と呼び、ぐにゃんぐにゃんに骨を抜かれたルミ子氏は、傍目《はため》にも危なっかしく見えました。

果たして11年後――。やっぱりというか、ふたりは破局。

誰もが「そらそうよ」とうなずき合ったのです。

年上女がどんなに夢中になって尽くしても、最終的には捨てられる――。

ルミ子・賢也のバッドエンドは、人々の心にエグい印象を植え付けました。


もちろん、戦力外パパ&ママも例外じゃない。

だから、わが娘が年下の彼を連れてきたなら、親は〝賢也ブロック〟をかけたくなるのです。いい年になっても、娘は娘。

可愛い娘が愛情も金もしぼりとられて捨てられるなど、許せるはずがありません。

あなたとて、親に心配させたくないでしょう。

なので、彼を親に会わせるときは、**〝男の先輩が、気の利く後輩を紹介する〟**みたいなノリにしてください。イチから10までサバサバと、「こいつはスゴイんだよ。しっかり者で、オレはいつも面倒見てもらってる」とか、宝塚の男役にでもなった気で臨むべし。

あなたがふと見せる〝女〟の顔に、両親はルミ子を重ねます。気をもませてはいけません。

「オレのダメなところを、こいつがシメてくれるんだ」などと彼のよさをしっかりアピールし、「たらしこまれてま〜す」みたいな甘さは出さないように。

あなたがキリリとしていれば、ご両親も安心です。

また、おみやげは彼に選ばせ、その理由も語らせてみましょうか。

「お義母《かあ》さんは、和菓子がお好きとうかがいました。僕、新潟出身なんで、笹団子をお持ちしたんですが……」とか、朴訥《ぼくとつ》なとっかかりがいいですね。

両親が賢也ブロックを解き、ほんわり笑ってくれたら成功です。

✦男の先輩が、気の利く後輩を紹介する

「目の前の若造でなく、イニシアチブは娘が握っているようだ」と、親御さんが思ってくれたら大成功！　これも親孝行のウチですよ。

石原さとみじゃなくてゴメンナサイ！

さて、次は彼の家。彼ママにとってはじめてまみえるムスカノは、〝転校生〟のようなもの。「美人かな？」「可愛いかな？」と、ムダに期待をかけられるあの感じ……。

「そんなん知らん！」と言いたいところですが、在校生目線で品定めされるのは、覚悟しておきましょう。転校生が期待に叶う美女でないとき、教室には落胆の空気が流れます。中には、あからさまにブーイングする者もいるかもしれません。

1「アキラが彼女を連れて来たんだけど……。可愛くないの。あんたより可愛くないのよ！」

2「（絶句して、涙目で）こんなオバサンを連れて来て……」

3「（動揺を抑えつつ）いい人かもしれないけど、絶対なんかあると思うわ」

1〜3は、いずれもムスカノに対する彼ママたちのファーストインプレッションです。

1は、私の友人の母が、その娘である友人に、ムスカノのルックスについて思わず不満をこぼしたもの。息子はイケメンなのに妻となる人が平凡な容姿で、気持ちがざわついてしまった模様。このお母様にとっては、娘（とても美人）に匹敵する容貌が、嫁検定の合格ラインだったのかもしれません。

2は、彼より3歳年上の彼女に彼ママが言い放った言葉です。息子より上とはいえ、さすがに自分より若い女性を〝オバサン呼ばわり〟は反則技。母ゆえの、ねじれた愛の発露でしょうか。

3は、義母が私の印象を彼に語ったもの。どう見てもだいぶ年上だし、自由業らしくうさんくさい空気をまとった私は、なんとも不気味に見えたのでしょう。なんかその気持ち、わかります。

年上の彼女としては、「息子より年上って、やっぱりおもしろくないんだろうな。**お義母さんに嫌われたらどうしよう？**」と身構えてしまいがち。実際、私もそうでした……。

結論から言うと、1〜3のいずれのママも、今は優しく嫁を見守るいい義母になっています。第一印象は、あくまで第一印象。嫁の人柄を知るにつけ、情も出てくるのだろうと思います。なので、最初に好印象をもたれずとも、あまり気にしないでよさそうです。

嫁の初見せは、むしろイベント。人となりを知らないからこそ、可愛いの可愛くないのと言えるのです。好きに言わせてあげるのも、ある意味、親孝行の前払いかもしれません。

はじめて彼の家を訪ねる〝転校生〟としては、いじられてナンボ。「すいませんねぇ、石原さとみじゃなくて！」くらいのノリで、おおらかに構えていたらいいと思います。

✦お義母さんに嫌われたらどうしよう？

卑屈になる必要はないのです、もちろん。ただ、〝男にとって母親は最初の恋人〟と言われるように、母にとって息子は最後の恋人なのかもしれません。そのデリケートな心情に、寄り添ってあげられたらいいですね。

戦力外女子と周囲の目

今でこそ、女がだいぶ上の年の差恋愛に世間も慣れてきましたが、ちょっと前まではもうちょい厳しいまなざしがあったように思います。

私も、知人の男性に「あいつ、やっぱショタコン✦なんだ」とか、「ジャニ好きをこじらせて……」などと陰口を叩かれましたし、ネットでもスパイシーなご意見をいただきました。

当時は、趣味のブログをやっておったのですが、たまに近況にもふれており、ユースのことを書くやいなやブログは火だるまになりました。

「目を覚ましてください」「若い男に遊ばれるなんて、らしくない！」「20代と30代のうちはいいけど、30男と40女は無理でしょう」「バカだったんですね」などなど……。

辛辣なお言葉の数々は、私を凹ませもしましたが、同時に感心もさせたのです。

きっと不幸になろうから、引き止めてやりたい。なんとなくおもろないから、うまくいってほしくない。理性的な人だと思ったのに、失望させられた——とかとか。

男が年上なら起こりようもない感情の逆巻きを、人様にもたらしてしまう……。

年下の彼との結婚は、そういうものであるようでした。

悔しかったけれど、なんか言いたくなる気持ちもまた、わかる。

でも、「30男と40女はダメ」なんて言われても、生きてみなくちゃわからんのです。

だから、ギャラリーのみなさんに「それ見たことか」と言われないよう、いくつか自分ルールを決めてふたり暮らしに踏み出しました。

それは、こんな感じです。


一つ、家の中をマッパで走らない。

二つ、乱暴な言葉は遣わない。

三つ、ケンカは翌日に持ち越さない。


だらしなく、荒っぽく、めんどくさがりになると、彼をゲンメツさせると思ったからです。

相手が年下なら、なおさら。

ゲンメツは崩壊の序章です。

この3つは今も厳密に守っていて、肌は必要なときしか見せないし、「お前」とか「バカ」とか言わないし、ケンカしてもその日のうちに仲直りするようにしています。

ずっと楽しくやれているのはそのせいかもしれなくて、ってことは、いろいろ言われたこともいい糧になったのだと思います。

✦ショタコン

〝ショタ〟とは、「鉄人28号」の主人公・金田正太郎くんに由来するもので、半ズボンの似合う少年にグッとくる性癖のこと。年下好き＝ショタコンではないので、気にせんでよし。

戦力外ウェディング

いよいよユースと結婚するにあたり、「式はどうするか？」という話になりました。ふたりともあまり余裕はないけれど、「なんもせんのもなんだよね」「じゃ、写真だけ撮ろうか」となって、結果、ウェディングスタジオ内のチャペルで挙式＆撮影を敢行。

あくまで撮影だったので、基本、ふたりだけ。ただ、見学したいというので私の母と義母、義姉が参列してくれました。これは、衣装やメイク、挙式代（外国人神父さん付き）、アルバム代など込み込みで、15万くらいだったように記憶しています。

また、これとは別に仕事仲間を招いて会費制のパーティーをやりました。

で、結婚式や披露宴は、原則、ふたりの好きにしたらいいと思います。いいと思うんですが、おたがいの家族の思惑はどうなのか、ちょっとだけ考えてみるのも悪くありません。考えてみるだけでいいですが。

3
戦力外ウェディング

というのも、私たちが「披露宴はやらないゼ！」と報告したとき、意外にも難色を示したのは義父だったのです。新婦の父が「娘の花嫁姿を見たい！」とゴネるのはわかるけど、まさかの義父ブーイング。

いったいなぜ……⁉

聞けば、義父は4人兄弟で、それぞれの子どもたちはすでに結婚しています。当然、義父は彼らの式に呼ばれており、「もてなされ逃げするのはバツが悪い。うちの子の番が来たら、ちゃんとお返ししよう」と思っていたそうです。

「ほーん！　なるほど！」と思いました。

なんつーか、義父的には自分主催のフェスをアーティストのワガママでつぶされた感じ？

そのせいか、結婚の挨拶まわりをしたときも、親戚のみなさんには「なんだよ、フェスねぇのかよ」的にガッカリされてしまったのでした。

もちろん、親や親戚をおもしろがらせるために一緒になるんじゃないですから、言いなりになる必要はないのです。ないし、あくまでイニシアチブはふたりがもっていい。

けれど、たとえば「親戚を呼んで食事会をしたいから、パパよろしく！」みたいな甘えかたができれば、義父の面目は立ったし、親戚もちょっとワクワクしてくれたと思うのです。

私たち（っていうか、主に彼）の場合、「親にお金を出してもらうのはいやだし、親戚の見世物になるのはもっといや」という青くさ……じゃない、かたくなな思いがあったのでそのまま押し切りましたが、今ならもうちょっと丸くまとめていたかもしれません。

結婚式というと、なぜか「新婦がいいなら、やらんでいい」という判断をされがちですが、**実はもっと意欲的な人がいる可能性**も、知っておいて損なし。義父とか、あるいは新郎とか。

戦力外女子なら、そのへんもふまえて「式どうする？」と持ちかけたいところです。

✦実はもっと意欲的な人がいる可能性

そう、意外な人がパーティーやドレスアップの機会を楽しみにしていたりするのです。友人の夫は、「結婚式で自分がお色直しをしなかったこと」を悔やんでいて、数年経っても「やりたかった」とブツブツ言っているとか。あなたと彼、そしてたがいの両親の本心は訊いておきましょう。

3
戦力外ウェディング

エンゲージリングはすっ飛ばす

ひと昔前は、映画を観に行くとかならずエンゲージリングのCMが流れたものです。

スクリーンの中、デートを楽しむ恋人たち。クライマックスに彼がダイヤの指輪を差し出すと、彼女は驚き、はにかんで微笑む――。

で、「一生の愛を託す指輪です。薬指に給料3ヵ月分のダイヤモンド」みたいなナレーションが流れる、と。

「ですよねぇ」的にうなずく女性と、居心地悪そうに身じろぎする男性。

映画館の暗闇には、そんなカップルが多数まみれておったのです。

今思うと、でっかい画面からプレッシャーをかけられるなど、本当に気まずかったと思います。

あれって、エンハラ（エンゲージリング・ハラスメント）じゃないのか？

最近は、さすがにこういうＣＭは減ったようですが、結婚するなら〝指輪どうするか問題〟は、まぁ避けて通れぬ議題であります。

もちろん、「ウチらはそういうのいらないよね！」と、1秒で話し合いが終わることもある。

また、「給料3ヵ月分とは言わないが、記念の指輪は欲しい」、「エンゲージはいいけど、結婚指輪は着けたい」みたいなスタンスもありましょう。

ここはよく相談すべきとこですが、戦力外カップルなら、エンゲージリングはすっ飛ばすか出世払いにするなど、無理しない柔軟性があってもいいように思います。

私たちは、お金がない＆もともと私があまりアクセサリーを着けないせいもありますが、エンゲージリングはパスして、結婚指輪だけ買いました。

それも、ガチなブライダルリングじゃなくて、カジュアルなペアリング。

新宿伊勢丹のアクセサリー売り場で買ったのですが、たしかひとつ2万円もしなかったはず。

ここで、普段使いのトライバルなデザインの指輪をひと組と、もうひと組シンプルな平打ちのものを選び、平打ちのほうに入籍日やイニシャルを入れてもらいました。

指輪4つ、全部で7万円くらいだったと思います。

いつもはトライバルのほうをしていますが、今ではすっかり手になじみ、着けていないと弱くなったような気がするほどです。

また、男性の中には指輪に慣れなかったり、〝ザ・結婚指輪！〟っぽいデザインに抵抗のある人もおられましょう。そういう彼にはオーソドックスなものを無理強いせず、彼が「カッコいい」、「これなら着けられる」と思えるものにしたほうがいいですよ。

結婚指輪は、見せびらかしアイテムじゃなくて、**なかよし夫婦のチーム証《しょう》。**

安価でいいので、この観点で探してみてはいかがでしょう。

✦なかよし夫婦のチーム証✦

結婚指輪って、基本は同じものを一生着けるもの。でも、場合によっては10周年とか、区切りのいいときに買い換えてもいいような気がします。最初から「良いものを買わなくちゃ！」などと身構えず、身の丈に合ったものを選びましょう。

最初にいちばん大事なカネの話

「最初にお金のルールを決めたから、すごくやりやすかったなぁ」

結婚当初を振り返って、ユースがつぶやいた言葉です。

明朗会計であること。これは結婚生活を始めるうえで、ものすごく大事なことなのです。

どんな取り決めにするかは、ふたりの経済バランスによりますが、「なんとなく……」でスタートするのは、マジでお勧めしません。

年下の彼が〝結婚〟を恐れるのは、自分の〝**自由とカネ**〟**を奪われる気がする**から✦です。

自由もカネも、ジワジワと目減りしていったら、わびしくなってしまうでしょう。

エステに行って「このコースで」と始めたものの、途中から「今、フェイスパックをお勧めしています」とか、「リフトマッサージはいかがですか？」とか言われるのって、気が重くなりはしませんか？　〝まな板の上の鯉〟状態だから断りづらいし、断ったらケチに思われそうだし、その後の施術も手を抜かれそうでモヤモヤします。なら最初から、「こんなオプションがあります」と相談してくれればいいものを……。

結婚会計も、「家賃は彼で、食費は私」程度だと、ちょっとフワフワかな、と思います。じゃあ、水道光熱費は？　洗剤などの日用雑貨費は？　貯金はどうするの？　とか、とか。

お金の仕分けって、すみずみまで見ておかないと、あとあとモメたりするのです。これは「1円単位までワリカンにしろ」というのとは違います。

私たちの場合、結婚当初は各自の経済状況に鑑みて、家賃は彼6：私4、水道光熱費や共通の出費はすべて折半、家計の貯金として毎月決まった額を積み立てるほかは、おたがいの自由としました。ほぼ、独立採算制ですね。

自分が立て替えたぶんは毎月精算して、不足分を払ったりもらったりしていました。また、生活費や共同の貯金をきちんとしていれば、残りのお金には〝まったく不干渉〟としたのも、ハッピーな生活の勝因だったと思っています。

「余裕があるなら、もうちょっと出してくれない？」とか、欲をかかないのが大切ですよ。

家やクルマなど、なにか大きな買い物をするなら、そのとき改めてルールを見直せばいいのです。

この取り決めを最初にしたので、彼も迷いなくふたり暮らしに踏み出せたそう。

これが、「お給料は全部私に渡して？　あなたのお小遣いは月2万ね」みたいな話なら、たぶん不満爆発で無理ゲーだったと思います。

お金でコケると、結婚だってコケるもの。

最初に納得できるマネープランを組むことが、平和なウェディングロードへの近道です。

✦〝自由とカネ〟を奪われる気がする

そこそこ自由に慣れている私たちは、縛られることに免疫がないのです。あっても、そういうのは仕事だけで十分。自由もお金も奪われずに済むとわかれば、結婚生活もなめらかにいくはずです。

ケンカしない間取り

仲よく暮らしていくためには、おたがい〝**ひとりきりになれるスペース**✦〟が必要です。

「私たちラブラブだから、そんなのいらないも〜ん」とかいう〝恋愛とんま〟な脳みそは、ちょっと休ませて部屋選びしなくてはなりません。

そもそも、恋しあうまでは別々に住んでいて、ひとり暮らしだった人も多いと思います。ましてやあなたは戦力外女子。自分ルールにどっぷり浸かってきたはずです。

ふたりのルールをグラデーションのようになじませることは大切ですが、このグラデも両端はあなたの色、そして彼の色であり、しっかり尊重すべきもの。バランスがくずれると、ろくなことにはなりません。

私は、新居に越すまで少しの間、ユースの部屋に住んでいました。

新宿にほど近いワンルームマンションで、家具はベッドと小さな折りたたみ机、それにテレビがあるくらい。キッチンと冷蔵庫は据え置きで、電磁調理器が一口のみ。お湯が沸かせればいいか、という感じのものでした。それに、トイレとユニットバス。一緒にいるときはベッドをソファ代わりに過ごしましたが、ひとりになりたいとき、私はユニットバスにこもっていました。浴室のドアを開けてひとりになるときの、あの解放感！

窓もないちんまりした浴室だけど、まるで広い高原に来たかのような〝放たれ感〟に、えらく救われていたのです。彼は好きでしたよ、もちろん。

でも、愛すればこそまた強く抱きしめ合うために、ひとりになる場所と時間が必要だと、この同居期間に思い知りました。引っ越すなら、心しておかないと。

それに、各自の専有面積の大きさは、ふたりの力関係に微妙な影響も及ぼします。たとえ家賃が折半でも、〝領土〟の広いほうは優位で、せまいほうはいじけやすいもの。

なので、安さや通勤のしやすさだけを考えて新居を決めるのは、やめたほうがいいですよ。

「私たち、いずれマンション買うからいいんだも～ん」とかいう〝新婚とんま〟な脳みそも、ちょっと黙らせてくださいね。〝せまいけど、安いから〟を優先してふたりでいるのが息苦しくなり、ケンカが頻発→数年後に離婚じゃ、残念すぎると思います。げっぷやおなら、ため息やひとり言をこっそり処理できる場が、ふたりには必要です。

私の場合、家で仕事をするというのもあるため、個室が欲しいと思いました。そして、私が個室を持つなら彼も持つべきだし、そうなると寝室を含めて3LDKはいるね、という話になりました。当然、職場に至近の物件は、高すぎて手が出ません。けれど間取りを第一に考えて選んだのは、通勤に1時間、急行が停まらず、徒歩13分の駅前には葬儀場がそびえ立つ、広さだけが取り柄の部屋。でも、いい選択だったと思います。

✦ひとりきりになれるスペース

よく、「別居婚ならいいけど、誰かと暮らすのは絶対にムリ」という人がいるけれど、つまりはこういうことなのです。これ、ほんと大事。逆に、別居婚はリアルじゃないけど、個室さえ持てれば結婚に進めるカップルも多そう。多少家賃が高くついても、プライバシーを守れる場があったほうが、絶対にいいですぜ！

冬休みのこたつ化防止法

そんなこんなで私たちの新居となったのは、築10年弱、3LDKのマンションです。玉川上水に近く、駅に向かう途中の遊歩道では、よくカエルやモグラやコウガイビルに会いました。野趣あふれる立地で付近に商店はほぼなし。さらにマンションの共有庭にはネコやハクビシンが跋扈《ばっこ》するアニマル天国。家賃は管理費込みで15万円ほどと記憶しています。

この家賃は、単純にひとり暮らしの家賃（7〜8万円程度）×2で割り出したもの。「もっと抑えられたんじゃ……」というご意見もありましょうが、前述のとおり、家賃を切り詰めても愛情がすり減っては台無しです。多少出費がかさんでも、ふたりがやさしくいるための必要経費と割り切りました。これは本当に正しい選択だったと思います。

ここでそれぞれ4〜5畳くらいの個室を持ち、6畳の和室を寝室に、8畳のリビングダイニングにはテーブルとソファを置いて、共通のスペースとしました。

さらに、個室は自分の好きにしていいけれど、共通スペースに私物を放置してはいけないことに決めました。1週間しても置いたままの私物は、冷たく犯人の部屋に戻されます。

この取り決めをわが家では〝**冬休みのこたつ化防止法**✦〟と呼んでいますが、あなたの家でも施行をおすすめします。この約束をしておけば、彼がテーブルに置きっぱにしたDMやらCDやら何かの半券やらを「いつ片付けるんだろう？　捨ててもいいのかな？」なんてイライラ見つめなくてもよくなります。もちろん自分もドラッグストアのクーポンやらネイルサロンのチラシやらをそのままにしなくなるし、リビングの秩序も美しく保たれます。

で、リビングがこざっぱりしていると気持ちがいいし、ふたりで過ごす時間もおだやかになるのです。これが、ルールを決めずに始めてしまうとすごくやっかい。

何かのきっかけで彼が置いたものが気にさわり、「これ、部屋に持ってってよ！」「ちょっと置いただけだろ!?」「はぁ？　1ヵ月も前からあるじゃない!?」「うるせーな！」「そっちがだらしないんでしょ!?」「なんだよ、ヒスババァ！」みたいなケンカになりかねません。

愛の深まるケンカもありますが、こういうのは不毛なケンカのたぐいです。しないで済むなら、芽を摘んでおくにこしたことはありません。

ふたり暮らしでぶつかるのは、「自分ばかり、やな目に遭っている」と思ってしまうから。自分は片付けてるのに、相手が片付けない、家事をしない、静かに過ごしたいのに相手が騒ぐ、あるいは楽しみたいのに乗ってこない、とか。

逃げ場なく顔をつきあわせていると、とことんやり合うしかありません。けれど、それぞれのエスケープスペースとふたりで決めたルールがあれば大丈夫。しっかり頭を冷やして、また笑顔で仕切り直せるはずですよ。

✦冬休みのこたつ化防止法

子どものころ、こたつに入り浸って、まわりにゲームやらマンガやらお菓子やらが、どっちゃり集まっちゃったことはないですか？　あの散らかりっぷりを防ぐのが、この法律であります。

リズミカルな家事分担

新居が決まったら、家事もちゃっちゃと割り振ってしまうとラクチンです。

おたがいひとり暮らしだったなら、最低限の家事はできましょう。

あとは、それぞれの長所を活かして分担すればいいのです。

私たちの場合、ユースは〝巧遅《こうち》〟で、私は〝拙速《せっそく》〟タイプ。

つまり、彼は仕上げはいいが仕事が遅く、私は雑だけど仕事が早い、と。

なので、毎日クイックルワイパーをかけるのは私、週末念入りに掃除機をかけるのは彼、みたいな感じですね。

それと、それぞれのヤル気も重要です。

私は特に「これやりたい！」というのはないですが、彼は料理が大好きで、食べるよりも作るほうにうずく人。となれば、料理は彼、片付けは私、という流れで問題ありません。

あと、洗濯は基本的に〝自分のものは自分でやる〟。洗って、干して、しまうのも各自でしますが、よく洗濯機を使いたいときがかぶるので、そういうときは先に「今日、洗濯します！」と〝洗濯宣言〟したほうが優先権を得られます。

また、例外としてタオルは気づいたほうが洗い、乾燥まで済ませてしまいます。

そして、見えない家事として、雑貨や食材の買い出しというのもありますね。

以前、洗剤とかティッシュといった日曜雑貨は週末に買っていましたが、たまの休みが買い出しでつぶれるのはもったいない。せっかくふたりで出かけてお茶でもしたいと思っても、買い物袋をぶらさげてると「またでいいか」と思いがち。

デートチャンスがそがれてしまうと惜しい✦ので、今はアマゾンの〝定期おトク便〟を利用して雑貨を調達しています。計画的に買い物ができるし、なによりかさばる荷物に悩まされなくなりました。この発注は、私が担当しています。

これは、私たちにクルマで買い出しに行く習慣がないせいでもありますが、「ドライブがてら買い物に行くのが楽しみ！」というおふたりなら、もちろん続行でいいと思います。

気をつけたいのは、家事のすべてを〝暮らしを維持するためのルーティーン〟で塗りつぶしてしまわぬこと。

「今日の買い物は豆腐だけ」だったとしても、せっかくだからふたりで行って、公園を散歩してくるとか。それで、一緒にベンチでアイスクリームを食べるとか。

ほんのちょっとの遊びを盛り込むことで、毎日はいい感じに色づくだろうと思います。

とくに年下の彼は、彼女が〝テキパキ姐御《あねご》〟に徹すると、とてもさみしく思うもの。

家事の予定も、ロマンが忍ぶスキマを作って組みましょう。

✦デートチャンスがそがれてしまうと惜しい

共働きカップルなら、家事を週末にまとめてすることが多いと思います。でも、やらねばならんことに気をとられて、デートをないがしろにしないほうがいいですよ。人ってけっこう簡単に愛情に飢えるもの。さみしがる彼を鼻であしらうと、おそらく他の人に気が向きます。

4

そして、幸せは続く

彼の正体はカレーで見抜け

私が見る限り、戦力外女子とつきあう年下男子は、家事能力が高く面倒見のいい人が多いです。彼らには、せっかくのスキルをうまく活かしてほしいもの。けれど、年下＝甘えっ子みたいなイメージが先走り、ポテンシャルを発揮できずにいるケースもまた、多い。これは、とても残念なことだと思います。

実は料理好きなんだけど、自分がキッチンに立っていいものか、気がねする彼もいます。こういう彼の場合、「いーのいーの！　座ってて」とかいってあなたが厨房を仕切り倒すと、やがてストレスで死ぬでしょう。

じゃあ、どうやって彼の正体を見抜けばいいか？

答えは、カレー。

「あなたのカレーが食べたいな」と、言ってみてください。

4
そして、幸せは続く

反対にぐずぐずと難色を示したら、「一緒に作ろ?」とスーパーに連れていきましょう。

どうしても苦手な食材や、辛さの好みだけ伝えて、あとは彼にまかせます。

「え～?」とか言いながら、まんざらでもなさそうに腰を上げたら脈アリ。

ルー選びから始めて、ふたりの好みを上手にすり合わせてくださいね。

カレー作りこそは戦力外カップルにおすすめの〝はじめての共同作業〟でもあるのです。魔法の言葉は、「あなたのカレーが食べたい」(お願い)ですよ。

「カレー作って!」(命令)じゃダメ。ここ、重要です。

カレーは、戦力外女子と年下男子の距離を詰める、愛のキラーメニュー。

料理に挑む彼を見つつ、適性を読み取ってくださいね。

嬉々として作った↓料理番長に任命

おぼつかないけど、がんばった↓料理は半々で担当すべし

アク取りだけはうまかった↓食器洗い隊長に決定　……こんな感じ。

で、彼のこしらえたカレーを食べながら、ぜひカレートークも楽しんでください。

わが家の定番カレールー✦、キャンプで作ったカレーの話、給食のカレー鍋を倒した話、辛口派？　甘口派？、このトッピングはアリ？　なし？、好きなカレー屋さん、私の黄金カレーレシピ、人生で食べたいちばんおいしいカレー、とかとか。

あ、最後の質問は、もちろん〝今食べてるカレー〟ですよね？

カレーって、かならずふたりの距離を近づけます。

料理に限らず、家事はたがいの強みを活かして割るのがいちばん。

彼が年上のあなたに遠慮しないよう、うまくバランスをとっていきましょう。

✦わが家の定番カレールー

私がカレー番長をやるときは、ベースのルーはS&B「フォン・ド・ボー ディナーカレー」の中辛です。これに、ケチャップかトマト缶をプラスするのが私流！

ふたりの時計を合わせる

いつぞや、カフェで隣のカップルがケンカ別れする場に居合わせました。

ハネムーンなのかバカンスか、旅行の相談をしていたようですが、ちゃっちゃと指示する彼女に彼は少々押され気味。その顔はどんどん曇り、ついにムッツリと押し黙るのでした。

「美術館めぐり、どうする？　オルセーも回りたいなら、ディナークルーズは遅らせようか？　それか、2日目のオプショナルツアーを3日目にする？　……ねぇ、聞いてんの!?」

無反応の彼にキレた彼女は、般若のごとく彼に迫ります。

「あのさぁ、さっさと決めて予約取らなきゃ埋まっちゃうの！　もう時間がないのっ!!」

「……着いてから決めたらいいじゃん」

ここで彼女はすべての感情が交通渋滞を起こしたような顔になり、しばし絶句。

また彼もやめときゃいいのに、「せっかくの旅行なのに時間、時間って、時間人間かよ！」などと吐き捨てるのでした。ついに彼女は刺すような目で彼を見て、ひとり退店。

まことに殺伐としたひとときでした。でもコレ、ぜんぜん笑える話じゃないのです。

ふたりで暮らすということは、ふたりの時計を合わせること。

人によって生活のピッチは違うので、すり合わせるのは意外と難儀。

この彼の1日は、彼女にとっては3日くらいに値する。ペースがまったく違うのです。

男性、ことに年下は、「追い立てられて時を進めるのはヤダ」という人が多いっぽい。

その日のことはその日に決めたい、という人も少なくありません。

彼とあなたが同じ感覚ならラッキーですが、そうでなければ落とし所を見つけなくては。

私の彼も〝その日タイプ〟だったので、最初はむちゃくちゃ大変でした。

「明日は映画を観よう」となっても、彼は「時間は起きてから決める」と言い、結局上映に間に合わず帰ってくる……なんてこともしばしば。

私は〝時間人間〟なので、これはけっこうきつかった。

なので、しばらく様子を見てから、「ひとりのときはいいんだけど、**ふたりのときは同じ時間を生きようぜ！**」✦と提案。出かける日は、前もって彼に時間を決めさせました。

「何時に家を出る？」「1時でよくね？」「わかった。じゃあ1時に出ようね」というように、言い出しっぺがケツを拭けるようにしたのです。

これを繰り返し、当たり前のようにし、ほどなく時間でもめることはなくなりました。

もちろん、いつも時間を気にするのは大変なので、緩急つけたほうがいいですが。

大切なのは、一緒に楽しいときを過ごせるようにすることです。

ふたりの時計がシンクロし、いつもやさしいリズムを刻めたらいいですね。


✦ふたりのときは同じ時間を生きようぜ！

「1時ね！」と言ったら、「1時」と思う人、「5分前には着かなきゃ」と思う人、「15分過ぎまではいいかな」と思う人、ほんといろいろなので、時計合わせって大事です。

金銭感覚のすり合わせ

時間と同じようにすり合わせが必要なのが、日々の金銭感覚です。

友人に、「ソーセージが引き金になって、彼とモメた」という人がいます。

スーパーで買い物中、彼女がシャウエッセン（358円）をカゴに入れたのを見て、彼は大激怒。「お前はどこのお嬢様だっ！」と一喝し、シャウエッセンを没収↓代わりに燻製屋（265円）を投げ込まれたというのです。

「だって、シャウエッセンおいしいじゃん？」と、友人は不満顔。

でも、彼にとっては、「ウマかろうが、ぜいたくなもの」だったのでしょう。

金銭感覚というのは、育ってきた環境や現在の収入によって異なります。

この彼は長く自活をし、簿記の資格も持った人。それゆえ財布のヒモが固く、シャウエッセンは〝家計の敵〟に見えたのかもしれません。

4
そして、幸せは続く

さらに、冷蔵庫を長く開けたら苦い顔、風呂水を一度で抜いても渋い顔。電気代、水道代がもったいないというのです。

一方彼女は、「おいしければ、高くったっていいじゃない」というタイプ。追い焚きのできるお風呂も1回でズバッと抜き、朝晩2回入っていたそうです。

なので、おたがいに染み付いたアリ、ナシの壁を越えるのは、大変だったと聞いています。

私たちの場合、どちらかというと彼がシャウエッセン、私が燻製屋からのスタートでした。

趣味にはお金をかけたいけれど、日常の食や雑貨はほどほどでいい私に対し、彼は食べたいもの、使いたいものを手に取る人でした。

お金の舵取りが、まだうまくできていなかったのです。

いつだったか、「なんで趣味にはぶっ込むのに、家庭の買い物はケチなの!?」と彼に言われたことがあります。そりゃあなた、趣味にぶっ込みたいからよ。

「私にとって趣味はシャウエッセン、家庭は燻製屋だからさ！」と言ったかどうだったか。

いずれにしろ、「お金持ちではないので、メリハリをつけてお金を使うようにしている」とは伝えました。

自分のものはまだしも、家庭のものは共用ですから、ふたりが幸せを感じる買い物をしなくてはなりません。「これはちょっと高すぎない？」「こっちはもう少しいいものにする？」とか話し合いながら、なるべく一緒に買い物をして、〝ふたりのスタンダード〟を決めるといいですよ。

いつも使うものの値段は、ふたりが知っておくべきですし。

金銭感覚がなじめば、ケンカのタネも芽を出さずに済むと思うのです。

✦ソーセージが引き金になって、彼とモメた

こういうの、意外とあるのです。トイレットペーパーのシングルかダブルか問題。ティッシュは鼻セレブにしていいか問題。冷蔵庫を開けっぱで悩んでいいか問題とか。ちなみにシャウエッセンと燻製屋のカップルは、後日別れました。

無理なく楽勝ハネムーン

「ハネムーンは行かない」というカップルも増えています。

その理由の大半は、「お金もないし、もったいない」だったりします。

ただ、〝もったいない〟からやめるなら、それももったいないと思うのです。

なぜなら人生には祭り、〝ハレの日〟が必要だから。ハレというフックがあればこそ、たまに足場をたしかめたり、来た道を振り返ったりできるのです。

ハネムーンは、なにも贅沢三昧の豪華旅である必要はありません。

熱海一泊でも、世界一周でも、そこはふたりの好きにしたらいい。

ふたりで予算を組んで休みを合わせ、旅程を考える。

これは、今後控えるいろんなことの練習にもなるのです。

ハネムーンを実現するため私たちがやったのは、あらかじめ積み立て貯金をしたことと、休みの取りやすい時期にしたこと。

積み立てと言ってもガチでなく、毎週1000円ずつ出し合って、月8000円×1年（12ヵ月）ほど貯めただけ。これで9万6000円になりました。

この積み立てにご祝儀やおたがいの貯金をプラスして、ハネムーン代に充てたのです。

また、入籍したのは6月ですが、「すぐに出発！」にこだわらず、ふたりが休みやすく料金も安い11月のツアーに決めました。

選んだのは、老舗の旅行会社の格安ツアーで、「ロマンチックドイツ古城街道とクリスマス市6日間」というものでした。4泊6日で@約10万円。安心の添乗員同行。旅レベルで言えば、超初心者クラスの商品です。でも、それでいい。

せっかくのハネムーンだからと、欲をかいてはいかんのです。

彼より経験があるからとフリーツアーに引き込んだり、自分がお金を多めに出して宿のランクアップを図ったり……。なにか企むと、バランスが一気に崩れます。

ハネムーンは、ふたりそろって一年坊主。

この精神で行きましょう。

そうそう、宿題の絵日記を書くように、**旅日記もしっかり書く**✦といいですよ。

私たちは、今でもたまにハネムーン日記を引っ張り出して、「あのときは参ったね！」などと話しています。

実は、今もこのときより長い旅行はできていないので、ハネムーンに行っておいて本当によかったと思っています。〝行かない選択〟をする前に、ちょっと考えてみませんか？

何年経っても語れるネタって、コストパフォーマンスもメチャ高いと思います。

✦旅日記もしっかり書く

ある女性ミュージシャンに、旅日記を見せてもらったことがあります。スケッチブックを日記帳がわりにしていて、そこには旅先で食べたお菓子の包み紙とか、チケットの半券なんかも貼ってありました。彼女いわく「こうやって、貼ったものがどんどん色あせてくのがいいんだよ。どれだけ時が経ったかわかるしね」とのことでした。なるほどな、と思ってマネしています。インスタもいいけど、やっぱ紙の持ち味は格別です。

義実家とのナイス距離感

結婚したら、義実家（＝彼の実家）とどうつきあっていけばいいか――。極意をお伝えします。

大事なことなので、もう一度。慣例に、呑まれる前にルール決め。ですよ！

〝慣例に、呑まれる前にルール決め✦〟。

義実家との距離感をつかみそこねると、夫婦の間に思わぬ亀裂が入ります。

ふたりで所帯を持ったのだから、どちらかに傾くのはいただけません。

双方の実家とは、共にイーブンでありたいものです。

たとえば帰省。

義実家が近いか遠いかにもよりますが、盆と正月は必ず夫の実家でみっちり過ごす、といったプログラムは、けっこうダルいんじゃないかと思います。

義実家が離れていれば交通費もばかにならないし、満員の新幹線や帰省渋滞で死ぬ思いをするのもナンセンス。ふたりが望むなら一向に構いませんが、「ちょっとなぁ」と思うなら、事前に話し合いましょう。

とあるご夫婦は、夫のたっての希望で年に2回、彼の実家に帰省しています。地方なので交通費やお土産代で1回10万はかかり、ほかに旅行に行くこともできません。「貯金もできないし、マジで詰んだ」と奥様は嘆いています。

このように、慣例が定着すると仕切り直すのが大変です。

そうなる前に、「帰省は年に1回にして、そのぶん電話やギフトでフォローしよう」とか、ふたりで対応を協議するのがいいですよ。

また、あなたの実家が近い場合、アンバランスなまでにベッタリするのは考えもの。結婚したのに、「実家から出向に来てます」みたいな生活は問題です。

私の場合、義実家まではクルマで4時間ほどの距離にいますが、年に一度顔を出す程度。ただし、義母はほぼメル友で、母の日など贈り物も欠かしません。

私は義母が大好きで帰省も楽しみですが、これが「毎年盆暮れは1週間強制帰省!」

とかだったら、病んでいたと思います。

「こうあるべき」「これが常識」といった圧に負けなかったからこそ、義実家とも仲よしでいられるのだと思っています。

年下の彼と結婚し、一児の母の友人は、夫と子どもだけたっぷり帰省させ、自分は顔だけ見せて一泊か日帰りで帰ってくるそうです。

まず、〝義実家を嫌いになるような習慣は作らないこと〟が、平和への近道。

では、最後にもう一度。――さんはい！　慣例に、呑まれる前にルール決め！

✦慣例に、呑まれる前にルール決め

有給休暇もそうですが、しっかりキッパリ休む気を見せないと、思うようにいかないこともありましょう。私は、年末年始はジャニーズの公演がびっしりで帰省などできんのですが、義実家には最初にスパッと話しておきました。

彼ママは、お仏壇である

幼いころ、お仏壇にご飯を供えるのが私の日課でした。

母に「どうしてご飯をあげるの？」と問うと、「大事なご先祖さまに、最初においしいものを食べていただくためよ」と返されたのを覚えています。

彼ママというのは、ある意味〝お仏壇〟のようなもの。

いずれ亡くなるとか、そういう意味ではないですよ。ご先祖さまを思うように、まろやかな敬意をもって見るべき相手、それが彼のお母さまなのだと思います。


たぶんなんですが、息子というのはとても可愛いものなのです。

いくつになっても、図体がでかくなっても、可愛くてたまらないのだと思います。

だから、いくらあなたの〝彼〟だとしても、彼ママに「これ、あたしのだもん！」と見せびらかすのはやめましょう。

大抵のお義母《かあ》さまは、息子が結婚すると「もうお嫁さんのものだから」と遠慮がちになる模様。その気遣いは、尊重してあげてほしいです。

「この子はね、小さいときそりゃぁ可愛かったのよ」とか、たまにジャブを打たれても、「フフ、そうなんですか？　今じゃすっかりオトナですけど」なんてカウンターで返さない。

あなたがすべきは、顔面で義母のパンチを受け止めながら、「見たかったなぁ！お義母さんしか知らない彼ですね」とうらやましがってみせること。負けて勝つ嫁でいてください。

それと、お義母さまに〝ときめきをデリバリー〟するのもおすすめです。

いつぞや、たまたま義母の誕生日に帰省したことがありました。

彼は、「そういや今日は母の誕生日」くらいのゆる認識。ここで聞き流してはいけません。

私はすぐさま彼と花屋に行って、「お義母さんのために花を選んで」と言いました。

最初は戸惑っていた彼ですが、徐々にノッてきて素敵なブーケが完成。

あとは、スパッとママにお届けです。

花束を抱えた息子が「おめでとう」と微笑みかけたとき、義母の顔に浮かんだえも言われぬ表情……！　今も忘れることができません。

そこにいたのは、ひとりの可愛い女性《ひと》でした。

実は私、彼に花束をもらったことがなく、本当は自分がいちばん先に欲しかった。

でも、お義母さまは〝お仏壇〟。いちばんを譲ってあげてもいい人です。

いろんな人がいますから、なかにはちょっと困ったママもおられましょう。

だけど、ドンパチなんていつでもできる。のっけから敵意を剥き出さず、**「ファーストブーケは譲ります」**くらいの気持ちで、接していけたらいいですね。

✦ファーストブーケは譲ります
息子と花束は、義母をとろかす最強コンボ。ここぞというとき、ぜひ彼にやらせてみてください。

こいつの嫁さん、すごいBBAなんですよ

今でも忘れられないことがあります。

ある日、ユースがちょっとムクれて帰ってきました。

「カトシンがさぁ、〝こいつの嫁さん、ローズより年上なんスよ！〟って言ったんだ」というのです。

カトシンとは、彼の友人であり同僚。ローズとは、彼らの会社のヴァイスプレジデントだった女性です。豪腕で優秀な人だったそうですが、カトシンが表現したかったのは、彼女が〝年上の豪傑さん〟だということ。

で、「こいつの嫁さんは、**あのおっかないオバハンよりも年上です！**」と言いたかったと。

私と彼女の共通点は、彼らより年上ということしかありません。

4
そして、幸せは続く

カトシンにしてみれば、「ローズよりさらに年上のオバハンと結婚とか、ナイナイ！　こいつ、ホント物好きでしょ?」みたいなノリだったと思います。

彼は私の知人でもあったので、「おい小僧。私のトシに文句があるなら、私に直接言いやがれ！」と言ってやりたい気で満々。なので、「つぶしてやるからヤツに会わせて！」と言ったらば、「大ごとにしないで！」と彼に止められました。

妻が年下なら、いくら下でもからかわれることはないのに、年上、それもゴッソリ年上だと、それだけでおもしろがられてしまうもの。

てか、「お前の母ちゃん、でべそ！」くらいな、昭和っぽいチャチャだわなぁと思いました。

「友だちが、ババアと結婚！」のインパクトがあるうちは、カトシンも騒ぎ続けるのだろうと思います。でもまぁ、そのうち飽きる。ハヤリに敏感な、小学生みたいなものですし。

私も当時は、「なんで年齢だけ引っ張り出して笑うのよ!?」とイキりましたが、言わせておけばいいのです。男子って、そういうの好きだから。

これが女性だと、「年上なのにやるな！」という感嘆もあれば、「でも何年かしたら捨てられるんでしょう?」という勘ぐりもあって、いじりかたが若干湿っているのです。

じゃあ、あれこれ言われるのを、どんな気持ちで受けたらいいか?

——鬼です。それも節分の日保育園にやってきた、豆まきの鬼になりましょう。

私は彼より10歳も上だぞと、金棒でも振り回してやるといいですね。

わぁわぁと豆をぶつける男の子、遠巻きに見ている女の子、いろいろいると思います。

気の済むまで投げさせてやってくださいな。痛くないし、たぶんくすぐったいだけですよ。

満足した子どもたちは、鬼を認めて慕ってくるはず。そういうもん。

私とカトシンも、今はまったりなかよしです。

✦あのおっかないオバハンよりも年上です!

こういうの、本当に嬉しそうに言う人もいるんです。でも、彼らは心が園児。むきになるだけソンですよ。

彼友をもてなす

新生活も落ち着くと、そろそろたがいの友人が遊びにきます。

彼友の来訪が決まったら、心しておくべきは、「雑！」、そして「舐められること！」。間違っても、一分の隙もなく掃除を極めたり、小賢《こざか》しい手料理など出してはいけません。

あなたが彼友に提供すべきは〝おもしろ〟と〝気安さ〟。それ以外は忘れましょう。

友人の結婚は、ただでさえほのかにさみしいもの。

そこへ来て相手が年上の女房となれば、心理的距離も開きます。

文句の付けようもなく磨きたてられた部屋は、友が〝妻のいいなりマン〟になった象徴のように見えますし、薄味で炊かれた高野豆腐なんか出されたら、「あいつも嫁のいいように料理されてるんじゃないか？」という恐怖を彼らに抱かせます。これはいけない。

あなたが演出すべきは、「タカシくんいますかー？」と遊びに来た友を、「いるよー！奥にいるから上がんな」と出迎えてやる彼姉の風情。

弟とそのダチには、ポテチでも投げてやれば十分です。


ってことで、私のおすすめの献立は、デリバリーのピザ！

もし手作りするなら、大鍋で煮たおでんとか、唐揚げあたりがいいですね。あとはひと口おにぎりや、サンドイッチでも出せば立派なもん。

トッピングだけ用意して、リッツパーティーなんかもベリーナイス。ガチでやったことのある人は少ないので、インスタのネタ的にも最高です。

「でも私、料理だけは自信あるし、アピールしたいし……」という人も、初回だけはこらえたいもの。

彼友から「あいつんちって、居心地がいい」、「あの奥さん、おもしろい！」という評価がもらえれば、これからいくらも美技を披露する機会はありましょう。

メンツに彼の女友だちもいて、どうしてもちょっとカッコつけたいなら、デザートで。

それも、ハーゲンダッツのアイスにカルーアをかけて、サダハル・アオキのビスキュイでもぶっ挿して出せば上等です。

野郎だけなら、サダハルじゃなくてヨックモックでいいですよ。

やりすぎない力《りょく》。✦

あえて「年上の奥さんってどうかと思ったら、こんな感じなのかよ！」と彼友を微笑ませる力が、彼の評価もまた上げるのです。イエス、油断力。

もう一度言いますが、彼友来訪の初陣、テーマは「雑！」、そして「舐められること」ですよ！

✦やりすぎない力

年上の女房が張り切ると、どうしても〝旅館の女将《おかみ》感〟が出てしまう。大人に〝抜け感〟はなくていいと言いますが、彼友接待には〝間抜け感〟がマストです。

ヤバイ！　見せられない身体になってきた

40になったころ、でしょうか。

ふと湯上りに姿見を見て、奇妙な違和感を覚えました。

そこに映っていたのは、自分であって自分でないような、見知らぬ身体。

パラレルワールドに住む〝もうひとりの自分〟と入れ替わってしまったような感覚に、私は震えました。単にやせたとか、太ったとかいうのとは違うこのアレは……。

なんですか、〝若さ〟が抜け落ちたんですね。

今までなんとか持ちこたえていたハリツヤは、「サービス期間は終わりだ！」とばかりに手を振って去っていきました。

代わって腰を据えたのは、招かれざる客〝たるみ〟です。

4
そして、幸せは続く

腕に胸に腹に、たるみはよどみなく押し寄せて、肉質をたよりなくして回ります。ほぐれた肉は、ハミ肉となってブラの脇からこぼれたり、ウエストからあふれたり……。なんとも座りが悪くなり、恥ずかしさから、彼に身体を見せる機会も減りました。

恥ずかくて自信がない→スキンシップが減る→さみしい→でも自分のせいだからしょうがない→さみしい→でも恥ずかしくて自信がない（以下、無限ループ）。

と、自分の中に〝たるみ永久機関〟をしつらえ、ひとりモンモンとしていたあのころ。

どんづまりになってからようやく、私は正しい下着選びに乗り出したのです。

〝ブラデリス〟（補整下着専門店）を訪れ、専門家にフィッティングしてもらい、胸はAカップからDカップに持ち上げられ、くしゅっとした小ちゃいパンツは全部捨て、デカパンを揃えてイチから修行とあいなりました。

胸が小さいことにコンプレックスがあった私は、実店舗に行くのがこわく、10年以上もネットで下着をポチっておったのです……ホント、お恥ずかしい。

で、あわせて筋トレも始めたら、やがて「ハツラツさはないけれど、それなりのハリツヤ」は、醸すようになりました。

それで、だんだん自信というか、「古民家ですが、リノベしましたよ！」✦的な矜持《きょうじ》が芽生え、少しずつスキンシップも回復していったのです。

たるみにノビノビされてしまうと、ついすべてを諦めて、投げ出してしまいがち。でも自分なりに手を打てば、かならず救いはあるのです。

だって、ここで私が自分を見捨てたら、彼はたるんたるんな私の相手をせにゃならない。それはとっても気の毒です。なので、ヤバイと思ったらぜひ対策を。

古民家をゴミ屋敷にしない、強い心。それさえあれば、多少、持ち直せます。

✦古民家ですが、リノベしましたよ！

この心意気、大事です。古民家の重たい梁にはそれなりの支えがいるように、ゆるみ肉にも補強が必要。ウンナナクールじゃなくて、ブラデリス。強き者と手を組む勇気を。

服と髪には関与せよ

だいたいにおいて、男性は女性の服に興味がありません。

よほど変わった趣味嗜好でなければ、服装にダメ出しする彼は少ないように思います。

てか、年季の入ったご夫婦になると、ぶっちゃけ服だの髪だの、見ていない。

パートナーを人というより〝物体〟として認識し、いる、いない程度しか気にしない。

髪とか服とか、細部のディテールなど、情報が脳まで届かずうち捨てられるのです。

よく、「やせようが太ろうが、ダンナは何にも言わない」とか言ってる奥様がいますよね。

あれこそは、〝妻の花子〟など〝個〟ではなく、ダンナが〝物体・妻〟として相手を見ている証拠。異性の愛から家族愛、ついには物体愛に昇華していくのはいいですが、戦力外カップルには、もうちょいがんばってみてほしいです。

なぜなら、自分の好きな外見をしているか否かで、愛情の温度はけっこう上下するからです。温度が下がりっぱなしだと、〝物体化〟も早まります。

で、何をすればいいかというと、極力、服や髪型に彼のニーズを取り入れること。もちろん、こっちの好みも考慮してもらいます。

彼の言いなりになる必要はないですが、服を選ぶとき、「こっちとこっち、どっちがいい？」くらいは訊いてみてもいいのでは。

あと、おもしろいのは〝**ファッション誌裁判**✦〟！

ファッション誌を持ってきて、「買い物の参考にしたいから、意見を聞かせてくれる？　私に似合わないにしても、感じがいいなって思う服があったら、付箋を貼って」と言うのです。

彼がめんどくさそうな顔をしても、めげないで。こういうのは最初が肝心です。コーヒーでも入れて、一緒に雑誌をめくりましょう。

彼が付箋を貼ったところに目をやると、いろんなことが見えてきます。

なんだ、全部同じモデルやんけ！　とか、けっこう胸の開いた服が好きなのか、とか、パンツスタイルはイヤなのかも、とか、そりゃーもういろいろ見えておもしろい。

こうしたリサーチをして服を買うと、ひとりよがりにならないのもいいですよ。同様に、彼のほうにもゆるく気をまわしてあげましょう。

一応、おたがい相手にとって唯一の異性なのだから、放置プレイはあんまりです。

新婚期を過ぎたなら、なおさら相手の髪や服に関わったほうがいい。じゃないと、それはどんどん〝知らないモノ〟になっていくのです。

〝夫婦は鏡〟と言いますから、「こやつは、男になった私の姿！」と心得て、気にかけあうと愛しみも増すと思います。

✦ファッション誌裁判

「女ものの服なんて、さっぱり」という彼も、ビジュアルで見せれば、けっこう好みがわかるもの。自分のファッションを見直すきっかけにもなりますよ。

抱擁と接吻

「最後にキスをしたのはいつか？」と訊かれたら、いつでもだいたい「今朝」と答えます。

なぜならうちには、相手が出かけるとき抱擁《ほうよう》と接吻《せっぷん》で送り出すしきたりがあるからです。

ここで本書をブン投げたくなったあなた、さぁどうぞ。受け身はとらせていただきます。

抱擁と接吻でなく、握手でもハイタッチでもいいですが、**躊躇《ちゅうちょ》なく相手に触れられる道すじ**✦は、常につけておいたほうがいい。これが私の見解です。

触れたいとき、相手に触れるのだという安心感は、ものすごいと思うのです。

いつだったか、結婚10年以上経つ女性と話したとき、「10年もしたらダンナなんか気持ち悪くて触れなくなるわよぉ」と言われたことがあります。「そんなもんスかねぇ」

と返しましたが、どうにもピンときませんでした。

そんな折り。ふとしたことから、彼女の裏ブログを見つけてしまい、そこに綴られていたことに驚きました。

「もう5年も彼に触られていない。キスもしていない。さみしい……」

「ダンナなんか気持ち悪い」と吐き捨てた彼女の、秘めた本音がそこにありました。

「ダンナなんだから、触りたきゃ、触ればいいじゃん」と思いますよね？

でもきっと、一度距離ができると、また触れるのがとても難しくなってしまうのです。

手を伸ばしたのに「なんだよ？」なんて言われたら、恥ずかしさで縮こまってしまいそう……。

そうならないためにも、毎日、流れるように触れあうしきたりを、ぜひ採り入れてほしいです。

化粧水や乳液が深く浸透するようにつける、ブースター（導入美容液）というのがありますが、抱擁や接吻はそれと似ています。あらかじめ道を開いておきさえすれば、その後のスキンシップもしやすくなるのです。

……って、この項だけだいぶマジメですかね？　まぁいいや、もうひとつ。

私が彼をしきたりで送り出すのは、「生きて再び、会えるとは限らない」からでもあります。

実は私は、朝まで一緒に過ごし、軽口を叩き合った友人を、飛行機事故で亡くしたことがあるのです。同じ部屋で眠り、同じご飯を食べ、「またあとで！」と手を振った彼女に、二度と会うことは叶わなかった。それはとても辛い記憶です。

だから、前の晩にケンカしても、ちょっと虫の居所が悪くても、このしきたりだけは決して崩さず、毎朝笑顔で交わすようにしています。

本当は、単なる接吻と抱擁でなく、振り付けのような動きがあるのですが、それも書いたほうがいいッスかね？　あ、もう一度投げられそうなんで自粛します。

でもこれ、仲のいい暮らしにかなり大事なことだから、ぜひ考えてもらえたら嬉しいです。

✦躊躇なく相手に触れられる道すじ

抱擁と接吻は、パートナーにログインするIDとパスワードのようなもの。いつでもログインできるよう、毎日かならず実行してほしいと思います。

あとがき　戦力外女子は〝永遠の8月29日〟である

戦力外女子というのは、ある意味〝永遠の8月29日〟を生きる人たちです。

言うても夏休みが終わるまでまだ3日あるから、いろんなことがどうとでもなるような気がしている。

それでその状態がずっと続くと思っている。

たとえば、ある人は10代のころ、「30代はおばさん」だと思っていたそうです。

ところが、20代も後半になったとき、「とてもじゃないけど、30代はおばさんなんて言えない」と思い、「やっぱり40からだ」と改めました。

けれど、30代半ばになってさらに「いや、40も若い。50からだ」と思い直したとか。

自分だけは常に〝現役〟だと思っていて、好き勝手にやっている。

それが戦力外女子のいいところでもあり、ダメなところでもあるのです。

カラオケじゃないので、若さの延長はできません。

言うまでもなく、戦力外女子が30になったとき、そのとき10代の人から見れば〝おばさん〟だったでしょうし、40、50となれば何をか言わんや、です。

年下の人と恋したならば、〝年下から見た自分〟を意識して、彼と向き合わなくてはなりません。

とはいえ、国民性が違いますから、フランス人のように「シワ？　人生が私の顔に刻んでくれた最高のギフトよ！」なんて開き直るのも困難です。

おっかなびっくりになるのは、しゃーない。日本人だもの。

気持ちも身体も若い人と、気持ちだけは若いが体力がないとか、体力はあっても気持ちがついていかないとか、あるいはどっちもないとか、そういう人がやりあうのは、やっぱ悩ましい。

私もユースとつきあい始めたころは、彼の〝普通〟に、いちいち「へー！」「ほぇー！」と声を上げていました。

たとえば、メアドひとつ取っても、彼のそれは私と同年代なら絶対付けないキラキラしさにあふれており、クラクラしたものです。

なので、「今、何が流行ってるの？」「服はどこで買うの？」などと興味津々で訊いていた私は、JKにおもねるインタビュアーのようでありました。

同じ時代に生きてるのに、同じじゃない。

おもしろい。

それと同様に彼のほうも、「大人のくせに、おもしろい」と思って見てくれていたようです。

年の差が縮まることはないけれど、ともに過ごす時が積み重なると、その差もどんどんこなれてきます。「縮まったんじゃなくて、こなれたんだ」とちゃんと知ってさえいれば、戦力外の明日はたぶん大丈夫。ずっと楽しくやっていけると思うのです。


13年前、彼と始まったばかりの私が会いたかったのは、5年、10年、いや、できればもっと先の未来から来た私です。

「ねぇ、泣いてない？　年の差に、ボコボコにされてない？」

彼女に会えたら、そう訊いてみたかった。

13年、ちゃんと生きてきたから、今やっと言えるのです。

「余裕、余裕！　てか、こっちが年の差をボコボコにしてやった」

「マジ!?　ウケる」

「うん、だから大丈夫。安心して大丈夫」

「彼はずっとやさしい？」

「やさしいし、いいコだよ。でも、相変わらずなところもある」

「何？」

「さすがに代謝が落ちて、やせにくくなってきて。前みたいにやせられなくてごめんって言ったら、〝しょうがないんだろうけど、細いほうが好みだとは言っておく。ウソはつけないから〟だって!!」

「わっ!!　クソやん!!」

「クソだね!!　ってか、この本、けっこう〝クソ〟がいっぱい出てくるね」

「だね!!」


――こんな感じで、無事〝自分〟への報告も終えました。

あのころの私と同じように、年下の彼との将来に悩んでいるあなたにも、「大丈夫！」とお伝えできたら幸いです。マジで絶対、大丈夫だと思うので。

最後になりましたが、素敵なカバーイラストを描いてくださったみづき水脈さん、装丁の草苅睦子さん、株式会社ワニ・プラスの宮﨑洋一さん、小幡恵さんに厚く御礼申し上げます。

そして、本書を手にとってくださった戦力外女子のみなさま、本当にありがとうございます。

みなさまに、クソほど幸せがありますように。

2017年9月

みきーる

みきーる

女子マインド学研究家、ジャニヲタ・エバンジェリスト。出版社勤務を経て、ライター&編集者として2000年に独立。女心を知って楽しく生きるためのライフハック“女子マインド学”を提唱。ふだんはファッション誌、情報誌、ウェブサイトなどで執筆。ジャニーズ応援歴は四半世紀超。Amazon公式レビュアーとしてジャニーズ作品のレビューを担当。著書に『ジャニ活を100倍楽しむ本!』『ひみつのジャニヲタ』『ジャニヲタあるある+』(以上青春出版社)、共著に『大人のSMAP論』(宝島社新書)などがある。ウェブサイト『女子SPA!』で「みきーるのJ-ウォッチ」「みきーるの女子マインド学」を連載中。

「戦力外女子」の生きる道

2017年10月10日　初版発行

著者　みきーる
発行者　佐藤俊彦
発行所　株式会社ワニ・プラス
〒150-8482 東京都渋谷区恵比寿4-4-9 えびす大黑ビル7F
電話 03-5449-2171（編集）

発売元　株式会社ワニブックス
〒150-8482 東京都渋谷区恵比寿4-4-9 えびす大黑ビル
電話 03-5449-2711（代表）

ブックデザイン　アルビレオ
イラストレーション　みづき水脈
DTP　小田光美（オフィスメイプル）
印刷・製本所　中央精版印刷株式会社

ISBN 978-4-8470-9590-0